Ela Madreiter

In 20 bunten Projekten durch die Kunststile

Die Autorin

Ela Madreiter studierte Architektur und gründete nach mehreren Jahren Berufspraxis das Kinderatelier „ES KLAPPT" in Baden bei Wien.

3. Auflage 2021

AAP Lehrerwelt GmbH
Veritaskai 3
21079 Hamburg
Telefon: +49 (0) 40325083-040
E-Mail: info@lehrerwelt.de
Geschäftsführung: Christian Glaser
USt-ID: DE 173 77 61 42
Register: AG Hamburg HRB/126335

AutorIn:	Ela Madreiter
Covergestaltung:	TSA&B Werbeagentur GmbH, Hamburg
Fotos:	Ela Madreiter und Fotolia.com (siehe Grafik-Liste am Ende des Buches)
Satz:	Satzpunkt Ursula Ewert GmbH, Bayreuth
Druck und Bindung:	Design and printing JSC KOPA, Litauen

ISBN: 978-3-403-20033-8
www.persen.de

Inhaltsverzeichnis

1 Vorwort

„Der Zeit ihre Kunst, der Kunst ihre Freiheit."

Dieser Satz, an das über 100 Jahre alte Gebäude der Wiener Sezession geschrieben, ist auch das Motto des kleinen Kinderateliers ES KLAPPT, das ich nach meinem Architekturstudium und mehreren Jahren Berufspraxis in Baden bei Wien gegründet habe. Kinder lernen hier große Künstler und Kunststile der Vergangenheit kennen, ohne sie zu kopieren. Mit bestimmten inhaltlichen Vorgaben interpretieren die Kinder Kunst frei und zu ihrer Zeit passend.

Der Mut zum persönlichen Ausdruck ist das Leitmotiv meiner Arbeit mit Kindern und dieses Buches. Jeder hier vorgestellte Künstler lernte einmal von den großen Meistern. Aber später ging dann jeder aufgrund seines eigenen einzigartigen und unverwechselbaren Stiles in die Kunstgeschichte ein. Dieser Künstlerweg beginnt schon im Kindesalter und verlangt nach sensibler Unterstützung – sowohl bei der Gestaltungstechnik als auch bei der Entwicklung des Selbstbewusstseins jedes einzelnen Kindes.

Über die in diesem Buch präsentierten und in meinem Kinderatelier erprobten 20 Themen stelle ich fächerübergreifende, zu Gesprächen und erweiternden Projekten aller Art anregende Ideen vor. Abwechslungsreiche, kindgerechte und gleichzeitig anspruchsvolle Techniken, teils kurze, teils etwas zeitaufwendigere Projekte, ermöglichen es, Kinder in wesentliche Themen der Kunstgeschichte einzuführen.

Altersstufe

Die hier vorgestellten Projekte eignen sich insbesondere für Kinder der 1. bis 4. Schulstufe, da ein ganzheitlicher Zugang zum jeweiligen Thema gewährt wird. Auch jüngere Kinder finden hier passende und spannende Bereiche, allerdings empfehle ich für sie eher kürzere Projekte oder zwischen den einzelnen Arbeitsschritten mehrere Spielpausen, um die Ausdauer und Aufmerksamkeit der jüngsten Künstler nicht übermäßig zu strapazieren.

Themen

Die Auswahl der vorgestellten Kunststile und Künstler ist lediglich ein kleiner Ausschnitt aus der Kunstgeschichte. Der große Bogen zwischen Höhlenmalerei und Gegenwartskunst ließe sich jedoch auch mit einer opulenten Publikation nur schwer spannen. Zeitbegriffe sind in diesem Kindesalter noch schwer zu vermitteln, dafür verschafft die hier angedeutete Entwicklung von der naturgetreuen Darstellung bis zu abstrakten Werken der Gegenwartskunst einen groben Überblick.

Meine Auswahl beinhaltet in erster Linie herausragende Künstler, deren Werke für Schüler[1] interessante und aktuelle Themen bieten. Auch das private Leben der Künstler (wie z. B. Frida Kahlo) kann für Kinder bewegend sein und die Hintergründe des Malstils erklären. Ich deute allerdings nur bei einigen wenigen Künstlern private Aspekte an, die nach eigener Einschätzung entsprechend eingeführt bzw. erweitert werden können.

Techniken

Die abwechslungsreiche Mischtechnik ist lediglich als kindgerechte Einführung in professionelle Techniken zu verstehen. Viele Werke wurden in dreidimensionale Arbeiten übersetzt, was das Verständnis für Aufbau und Komposition eines zweidimensionalen Bildes erleichtert, die räumliche Wahrnehmung schult und gleichzeitig auch zum Weiterleben bzw. Bespielen eines Werkes einlädt.

Ein besonderer Ablauf wurde zum Thema Paul Klee gewählt, in dem aus einer Arbeit im Endeffekt drei entstehen. Es wird dadurch das Grundthema jedes Mal neu aufgegriffen bzw. gefestigt und der Mut zur Weiterentwicklung eines Motivs unterstützt.

Eine kleine Geduldsprobe ist das Pappmaché-Projekt, das aufgrund der Trocknungszeit über mehrere Einheiten ausgedehnt ist. Das farben- und formenfrohe Ergebnis belohnt aber die Geduld. Die in dem Projekt entstandene Maske kann beispielsweise in der Faschingszeit getragen werden.

Material

Nicht nur Materialien aus dem Künstlerbedarf, sondern auch Natur- und Abfallprodukte werden für die Realisierung der in diesem Buch präsentierten Projekte verwendet. Auch wenn manche Materialliste lang wirken mag, ist bei den meisten Arbeiten eine Grundausstattung aus Tempera- bzw. Acrylfarben (in Grundtönen plus Weiß plus Schwarz), Pastellkreiden (Öl und Soft), Aquarellfarben bzw. Aquarellstiften auf unterschiedliche Weise kombiniert. Spezielles Künstlermaterial kann auch ohne Qualitätsverlust der Arbeit durch Materialien aus dem Alltag ersetzt werden, wie z. B. Blattgold durch diverse glänzende Verpackungen oder Fixativ durch Haarspray.

Naturmaterialien überbrücken die noch bei Detailarbeiten fehlenden Zeichenfertigkeiten der Kinder und bereichern die Ausdrucksform. Sie können diese Materialien bei einem gemeinsamen Ausflug oder Lehrausgang sammeln. So lernen die Schüler auch, dass nicht immer alles gekauft sein muss, um attraktiv gestalten zu können. Dieser Aspekt betrifft auch die Verwendung bzw. Wiederverwendung von Abfallmaterialien wie Zeitungspapier, Gemüsenetze oder Kartons.
Gewisse Einschränkungen sind gerade im kreativen Bereich eine großartige Herausforderung, wie z. B. Arnulf Rainers Übermalungen beweisen.

Kunstwerke

In jedem Projekt verweise ich auf Werke diverser Künstler, die Sie zur Einstimmung in das Thema nutzen können.

[1] Wir sprechen hier wegen der besseren Lesbarkeit von Schülern bzw. Lehrern in der verallgemeinernden Form. Selbstverständlich sind auch alle Schülerinnen und Lehrerinnen gemeint.

Musiktipp

Zu jedem Projekt schlage ich zudem einen passenden Musiktipp vor, der das jeweilige Thema betont bzw. um zusätzliche epochenspezifische Aspekte bereichert. Musik versetzt Kinder in eine neue Wirklichkeit, das Projekt lässt sich dadurch viel konzentrierter umzusetzen. Wenn manche Aufgabenstellungen auf Kinder anfänglich fremd oder hemmend wirken, hilft gerade Musik, sich das Thema auf einem anderen Weg viel entspannter anzueignen und ihm einen persönlichen Ausdruck zu geben.

Gutes Gelingen und eine bildhübsche Reise durch die Kunststile wünscht Ihnen

Ela Madreiter

Danksagung

Danke an meine jungen Künstler, die mich mit ihrer Freude am Gestalten, Neugier und Ausdauer seit Jahren auf der Kunstreise begleiten und ihren Familien, die mir ihre Kinder mit Offenheit anvertrauen und an die Kreativität ihrer Kinder glauben. Ebenso richtet sich mein Dank an meine Kinder, die mich jeden Tag inspirieren, meinen Mann für seine Anregungen, Hilfe, Kraft und Humor und an meine Großeltern, die mir genug Spielraum für meine kindliche Fantasie gegeben haben.

„Wo Herz und Gemüt erkaltet ist, da kann die Kunst nie heimisch sein."
Caspar David Friedrich

Lediglich anhand der Abbildungen von Kunstwerken ist es schwer, Kinder für ein manchmal wenig vertrautes Thema zu begeistern und zu einer gelungenen, persönlichen Umsetzung zu motivieren. Die Gestaltungsstunde soll jedoch für die jungen Künstler immer eine kleine Besonderheit in ihrem Schulalltag sein, denn „Malerei ist Ankommen an einem anderen Ort" (Franz Marc).

Der Arbeitsraum

Nicht immer ist in der Schule ein eigener Atelier-Raum vorhanden. Aber selbst eine im Klassenzimmer aufgestellte Staffelei mit einer zum aktuellen Projekt passenden Abbildung kann „die Kunststunde" ankündigen und macht auf das neue Thema neugierig. Auf der Staffelei können die eigenen Kunstwerke auch am Ende stolz präsentiert, fotografiert und eventuell auch mit dem Original verglichen werden.

Mit der meist im Klassenraum vorhandenen Ausstattung lässt sich leicht eine themenbezogene Stimmung erzielen. Zum Beispiel kann eine mit etwas Stoff abgedunkelte Klassenecke zur Höhlenmalerei inspirieren, aus den Zimmerpflanzen wird ein Dschungel (Rousseau), eine dazugestellte Wasserschale imitiert den Wassergarten (Monet). Kleine Requisiten wie Reisstäbchen (Hokusai/Japan) oder etwas Spielsand (Paul Klee/Tunis-Ägypten-Reise) führen symbolisch zu den Schaffens- bzw. Inspirationsorten der jeweiligen Künstler.

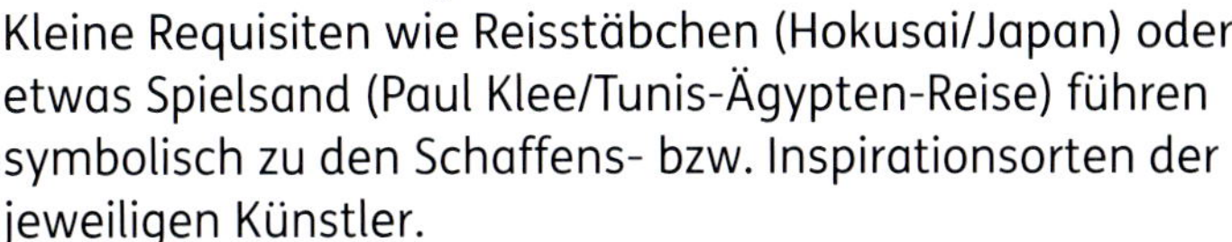

Das Arbeiten im Freien ist nicht nur eine Abwechslung für Kinder, sondern kann auch die Arbeitsweise der Impressionisten oder Naturphänomene wie die Luftperspektive näherbringen. Selbst im Freien angefertigte Skizzen sind eine besondere Gedächtnisstütze, die auf direkter, eigener Beobachtung basieren und zum Entdecken der Umgebung anregen.

Verkleidung

Kinder (und Erwachsene) sind von vielen Künstlern auch fasziniert, weil diese außergewöhnlich aussehen bzw. gekleidet sind. Hier bietet sich z. B. eine Verkleidung als Frida Kahlo oder Gustav Klimt an.

Bewegung

Gestalten, insbesondere das Ausarbeiten anspruchsvollerer Details, verlangt nicht nur nach etwas Geduld, sondern auch nach Ruhe und Konzentration. Kurze, „themabezogene" Pausen entspannen junge Künstler und lassen sich gut in den Arbeitsablauf integrieren. Eine „gesunde Pause" mit Paul Cézanne, „Händewaschen" mit Frida Kahlo oder „Streckgymnastik" mit Leonardo da Vinci ermöglichen nicht nur eine spielerisch-praktische Abwechslung, sondern erweitern auch die Wahrnehmung und das Verständnis eines Kunstwerkes.

3 Höhlenmalerei

Hintergrundinformation

Als die Höhle von Altamira in Spanien bzw. die Lascaux-Höhlen in Frankreich entdeckt wurden, hat man wirklich staunen müssen: Ist es möglich, dass diese prachtvollen Malereien bereits von unserer Vorfahren aus der Steinzeit stammen? Es gibt viele vergleichbare Höhlen auf der ganzen Welt, die beweisen, dass Kunst die Menschheit von Anfang an begleitete. Es war eine etwas andere Kunst, sie entstand in schwer zugänglichen Höhlen und war nicht aufs „Zeigen" ausgerichtet. Möglicherweise wollte man sich vielmehr Jagd-Erfolge bei den Göttern sichern oder eine Verbindung zum Jenseits verschaffen, denn Höhlen galten als Orte der Geister und Verstorbenen. Vielleicht wollte man auch einfach nur Jagderfahrungen oder Träume festhalten.
Beim Malen in den finsteren Höhlen wurden Fackeln und Lampen aus Tierfett benutzt. Erdfarben und Kohle wurden auf unterschiedliche Weisen auf die Felswände aufgetragen: mit Pinseln aus Tierhaaren, mit Pflanzenstängeln, mit Fingern oder Moos; es wurde gemalt, gestempelt oder direkt mit dem Mund oder mit Röhrchen aufgesprüht. Oft wurde eine eigene Handschablone verwendet, die saubere, scharfe Kanten ergab. Unebenheiten und Risse des Felsenuntergrundes wurden in die Bildgestaltung mit einbezogen, um z. B. die räumliche Darstellung eines Tierkörpers zu steigern.

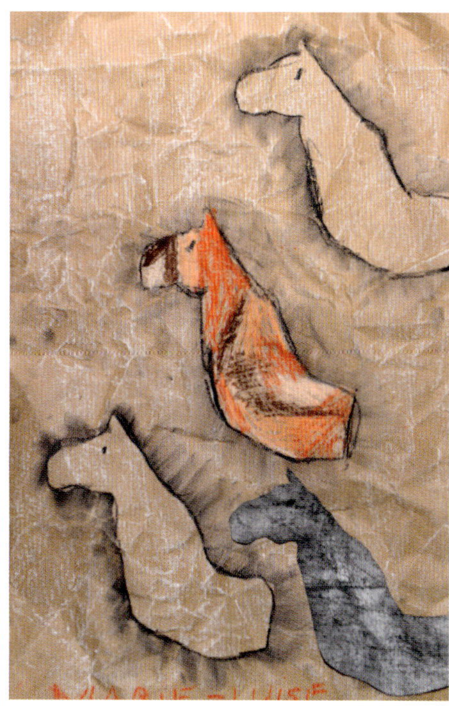

Projekt „Ein Jagdtier": Schablonieren

Wo das Licht ist, dort ist auch Schatten: Mithilfe einer Taschenlampe wird die Tierform auf die Wand/ Papieroberfläche projiziert. Der entstandene Tierumriss dient als Schablone, mit der man aus mehrmals kopierten Figuren eine stimmungsvolle Komposition auf der „Felsenwand" gestaltet.

ZEITBEDARF

1–2 Unterrichtsstunden

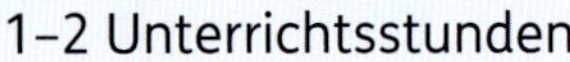

MATERIAL

- ein Schuhkartondeckel oder ein flacher, grauer Karton
- graues Packpapier (umlaufend um ca. 5 cm größer als Schuhkarton)
- diverse Tierspielfiguren aus Wald und Wiese (z. B. Bär, Reh, Pferd)
- Kohle
- Tafelkreide
- Softpastellkreiden in Erdtönen bzw. Rötel
- Bleistift
- Klebstoff
- doppelseitiges Klebeband bzw. Heißkleber (Letzterer nur zur Benutzung durch die Lehrkraft)
- Malerkrepp
- Schere
- Taschenlampe
- evtl. LED-Teelicht

Lernziele der Schüler

- die Schabloniertechnik kennenlernen (Vervielfältigung, Variationen)
- eine schmale Farbpalette aus Erdtönen anwenden
- mit einer Lichtquelle das Schattenbild einer Figur vergrößern
- eine Tierform auf wesentliche Eigenschaften reduzieren und erkennbar darstellen
- Felsenstrukturen nachahmen
- eine Komposition aus unterschiedlich erzielten Schablonen-Formen gestalten

Arbeitsablauf

1. *Vorbereitung optional: Höhlenmalerei z. B. aus Altamira oder den Lascaux-Höhlen ansehen. Bildthemen, Figurgrößen, Farbe und Bedeutung der Bilder analysieren. Den Alltag der damaligen Menschen sowie die Maltechnik der ersten Künstler besprechen.*

2. Das Zeichenpapier (DIN A4) auf einer Wand(-tafel) mit Kreppband befestigen. Den Raum abdunkeln und mit der Taschenlampe die Umrisse der Spieltiere auf das Papier projizieren. Mit Bleistift die Umrisse nachzeichnen.

3. Ohne Raumabdunkelung die aufgezeichneten Tiere (als Schablone) ausschneiden.

4. Das Packpapier zu „Steinen" zusammenknüllen (dabei können die Schüler „starke Steinzeitmenschen" spielen, so kommt zusätzlich Bewegung in den Unterricht) und vorsichtig wieder entfalten. Die zerknitterte Oberfläche ahmt gut die Felsenwand nach und wird mit der Tafelkreide etwas aufgehellt. Dazu die Kreide in der Mitte halten und liegend über das Papier führen. Je nach Druck wird die Kreidespur zarter oder kräftiger. Eventuell die Kreideschicht mit dem Finger leicht verwischen.

5. Die Tierschablone auf die „Felsenwand“ legen, mit der Kohle den Umriss nachzeichnen und mit Softpastellkreiden ausmalen. Mit dem Finger eventuell vorsichtig die Pastellschicht innerhalb des Umrisses verwischen. Mit der Kohle anschließend ein paar Details (z. B. Augen, Fell) einfügen. Für das nächste Tier den Rand der Schablone kräftig mit der Kohle nachzeichnen, am „Felsen“ platzieren und mit den Fingern die Farbe nach außen auf den Hintergrund auswischen. Die Schablone entfernen und den Vorgang an weiteren Stellen wiederholen. Anschließend die Papierschablone in die Komposition integrieren und ankleben.

6. Präsentation: Das Felsenbild wird mit doppelseitigem Klebeband oder Heißkleber (Benutzung durch die Lehrkraft) an den Deckel-Seitenwänden umlaufend befestigt. Eventuell ein LED-Teelicht davorstellen, um so die Höhlen-Stimmung zu betonen.

Tipps

- Das Projizieren bzw. das Nachzeichnen der Umrisse gelingt am besten zu zweit bzw. zu dritt.
- Beim Projizieren auf die Wand kann man (je nach Entfernung der Taschenlampe zur Figur) Vergrößerungen austesten.

MUSIKTIPP

Traditionell: Naturklangmusik mit (Knochen)flöte, Fujara, Didgeridoo, z. B. Günter H. Müller, Winne Clement

Modern: Weltmusik von z. B. Nadishana

Renaissance: Leonardo da Vinci (1452–1519) – Teil 1

Hintergrundinformation

Die Renaissance war eine Epoche, in der die Ideale der Antike wieder aktuell wurden und in der der Mensch in die Mitte des Geschehens rückte. Die Werte des auf das Jenseits konzentrierten Mittelalters reichten dem selbstbewussten, gebildeten und neugierigen Renaissance-Menschen nicht mehr. Kunst, Technik, Ästhetik und Philosophie hießen die neu entdeckten Bereiche, die allerdings nur den Eliten zugänglich waren. Ein Universalgenie dieser Epoche war Leonardo da Vinci, dessen Kunstwerke, Entwürfe, technische Erfindungen, wissenschaftliche Arbeiten und Texte seiner Zeit vorausgingen. Ob in Kunst, Technik oder Naturwissenschaft – da Vinci war in jedem Bereich ein Forscher.

KUNST-TIPP

Leonardo da Vincis „Der vitruvianische Mensch“ von ca. 1490 ist eine Menschendarstellung nach idealisierten Proportionen der Antike (Vitruvius, 1 Jh. v. Chr.). Ein Mann mit ausgestreckten Händen und Fußsohlen berührt einen umgebenden Kreis bzw. ein Quadrat. So sieht ein wohlproportionierter Mensch aus, d.h. alle Körperteile sind hier im idealen Verhältnis zueinander. Die menschlichen Proportionen waren und sind u. a. für Entwurf der Bauwerke von großer Bedeutung.

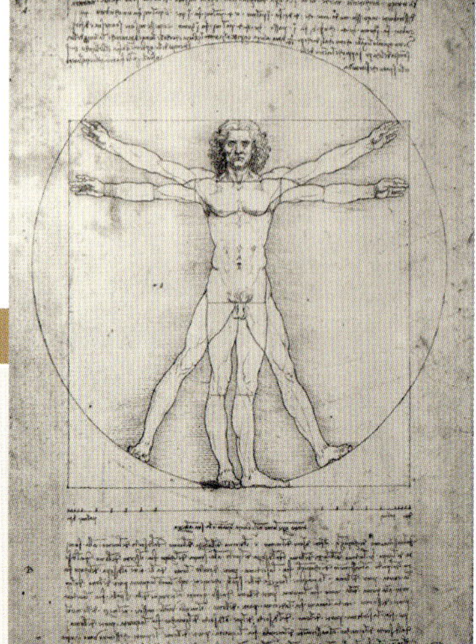

Projekt „Der Mensch in der Mitte": Konstruktion und Körperstudie

Hier treffen sich Ingenieure, Künstler und Akrobaten - denn es ist wirklich nicht so leicht, den eigenen Körper richtig zu zeichnen und dazu noch in einem selbst konstruierten Kreis. Ob man dabei einem Ideal entspricht, ist hier allerdings nicht so wichtig ...

ZEITBEDARF

1 Unterrichtsstunde

MATERIAL

- schwarz-weißes Kinderporträt-Foto (Kopfgröße ca. 4 cm)
- Packpapier (DIN A4)
- Holzplatte als Unterlage (größer als 21 × 21 cm)
- Haushaltsschnur oder starkes Garn
- mittelgroße Nägel
- Hammer plus eventuell Zange
- Bleistift
- Buntstift oder Kreide in weiß
- Radiergummi
- Schere
- Klebstoff
- eventuell italienische Euromünze

Lernziele der Schüler

- das umfangreiche Tätigkeitsfeld Leonardo da Vincis kennenlernen
- die Ästhetik der Renaissance („Der Mensch als Maß aller Dinge") verinnerlichen
- Proportionen des menschlichen Körpers darstellen
- mit einfachen Mitteln konstruieren (Quadrat aus Rechteck, Kreis, Mittelpunkt)

Arbeitsablauf

1. *Vorbereitung optional: Leonardo da Vincis Arbeit „Vitruvianischer Mensch" ansehen und besprechen: In welche geometrischen Figuren lässt sich der menschliche Körper einfügen?*

2. Das DIN-A4-Packpapierblatt laut Fotoanleitung falten und zuschneiden. Das so erhaltene quadratische Blatt auch entlang der zweiten Diagonale falten – der Schnittpunkt der beiden Diagonalen ist der Quadrat-Mittelpunkt (später Kreis-Mittelpunkt).

3. Das Papierblatt auf die Holzunterlage auflegen. In die „konstruierte" Mitte den Nagel mit Hammer einschlagen. Ein Stück Haushaltsschnur oder Garn an beiden Enden so binden, dass zwei kleine Schlaufen entstehen. Die erste Schlaufe am Nagel, die zweite am Bleistift befestigt. Den Kreis mit diesem „Zirkel" konstruieren, dabei den Bleistift im rechten Winkel zur Papieroberfläche führen. Den Nagel vorsichtig (eventuell mit einer Zange) entfernen. Das Papierblatt zur Hälfte falten (zum Rechteck), nochmals falten (zum kleinen Quadrat) und aufklappen. Es sind damit zusätzliche Hilfslinien entstanden.

4. Den Kopf aus der Schwarz-Weiß-Fotokopie des Schülerfotos ausschneiden. Den „Vitruvianischen Menschen" nochmals ansehen und die Lage des eigenen Kopfes im Kreis an die Lage im Bild da Vincis anpassen. Die Mittelachse des Kopfes (und später des Körpers) ist die vertikale Faltelinie am Papier! Den Kopf ankleben. Mit Bleistift den Körper ergänzen und darauf achten, dass die Fingerspitzen den Kreis berühren und die Füße am Kreis ruhen. Den Körper zart mit weißem Stift ausmalen.

5. Eventuell eine italienische Euromünze unter einen der Papiereckbereiche mit der Menschen-Abbildung nach oben legen und mit einem Bleistift (etwas schräg gehalten) drüberreiben (Frottage).

Faltanleitung:

Tipps

- etwas Gymnastik vor dem Zeichnen (gestreckte Hände, gegrätschte Beine) machen
- der „Schneeengel“ (ausgestreckt auf den Boden legen) hilft bei der Wahrnehmung und Darstellung des eigenen Körpers
- den Hammer beim Einschlagen des Nagels ca. in der Mitte der Grifflänge halten (so kontrollieren Kinder den Schlag viel besser)

MUSIKTIPP

Musik von Francesco Canova da Milano sowie von Marco dall'Aquila

Renaissance: Leonardo da Vinci (1452–1512) – Teil 2

Hintergrundinformation

Leonardo da Vinci hinterließ nur wenige Porträts – „Mona Lisa“ (1503–1506) gehört zu den geheimnisvollsten von ihnen. Bis heute herrscht Uneinigkeit darüber, wer die porträtierte Person war und ob es sich hier tatsächlich um eine Frau handelt. Nicht nur das berühmte Lächeln Mona Lisas fasziniert den Betrachter, sondern auch die angewandte Maltechnik, die eben das rätselhafte Lächeln erzeugt. „Sfumato“, die für da Vinci typisch verschwommene Art, Landschafts- und Gesichtsteile zu malen, basierte auf der Entdeckung der Luftperspektive – eines Natur-Phänomens, bei dem weit entfernte Objekte undeutlicher, blasser und heller wirken. Da Vinci trug die Farbe in mehreren Schichten lasierend so auf, dass die Umrisse der Objekte ineinanderflossen und die Hell-Dunkel-Übergänge verschwammen. Und da jede Schicht einige Monate trocknen musste, bevor die nächste Schicht dazukam, dauerte die Arbeit an der Mona Lisa, die im Endeffekt unvollendet blieb, vier Jahre.

Projekt „Mona Lisas Geheimnis": 3D-Selbstporträt mit Sfumato

Was für eine verlockende Idee, sich wie Mona Lisa zu präsentieren – mit typischer Händehaltung, feinem Gewand und etwas verschwommener Lieblingslandschaft im Hintergrund. Und dazu dezent lächelnd, denn die „Mona Lisa“ ist bis heute ein Rätsel ...

ZEITBEDARF

1–2 Unterrichtsstunden

MATERIAL

- schwarz-weißes Kinderporträt-Foto (Kopfgröße ca. 4 cm).
- flacher, grauer Karton oder Schuhkartondeckel, ca. DIN A4 groß
- Kopiervorlage „Mona-Lisa-Umriss“
- Softpastell-Kreiden
- Fixativ bzw. Haarspray
- schwarze Maltusche
- feiner Pinsel
- feiner, schwarzer Marker, wasserfest
- Bleistift
- Radiergummi
- Schere
- Polster aus Wellpappe als Distanzhalter
- Heißkleber (Benutzung nur durch die Lehrkraft) bzw. doppelseitiges Klebeband
- Klebstoff

Lernziele der Schüler

- die Porträtkunst und Sfumato-Maltechnik Leonardo da Vincis kennenlernen
- das Phänomen der Luftperspektive erfahren
- ein dreidimensionales Selbstporträt in Mischtechnik gestalten
- ein feines Gewand in eingeschränkter Farbpalette zeichnen und malen
- eine Landschaft verschwommen darstellen

Arbeitsablauf

1. *Vorbereitung optional: Leonardo da Vincis Bild „Mona Lisa“ ansehen und besprechen, spannende Details über die Porträtierte sowie die Geschichte des Bildes erörtern. Eine Landschaft beim Spaziergang oder durch das Klassenfenster betrachten, das Phänomen der Luftperspektive in Verbindung mit da Vincis Erkenntnissen erklären.*

2. Die Kopiervorlage „Mona-Lisa-Umriss“ ausschneiden. Den Kopf aus dem Schwarz-Weiß-Kinderfoto ausschneiden und auf der Kopiervorlage ankleben. Eventuell die überstehenden Papierteile wegschneiden. Mit Bleistift die Hauptteile des Gewandes skizzieren, mit wasserfestem Marker nachziehen und Details ergänzen. Mit schwarzer Tusche ausmalen – manche Teile unverdünnt, die anderen mit Wasserzugabe (dabei Gesicht und Hände aussparen). Trocknen lassen.

3. Mit Softpastellkreiden eine eigene Lieblingslandschaft auf der Innenseite des Flachkartons vereinfacht skizzieren und ausmalen. Anschließend mit Finger vorsichtig verwischen, damit die Farbübergänge sanft und verschwommen wirken. Eventuell Details mit Pastellkreide betonen (etwas kräftiger nachzeichnen). Das Bild mit Fixativ beim offenen Fenster oder draußen aus ca. 25 cm Entfernung besprühen.

4. Auf die Rückseite des Selbstporträts Polster aus Wellpappe als Distanzhalter ankleben (die Stärke soll ca. 1/2 der Schachteltiefe betragen). Anschließend an die Pastell-Landschaft ankleben (Unterkante Porträt = Unterkante Landschaft).

Tipp

- Das Projekt sieht als Gruppenarbeit besonders schön und ruhig aus (wie in der Renaissance), wenn alle Kartons gleicher Sorte und Größe sind. Darum lohnt es sich, die Kartons entsprechend früh in den Geschäften zu sammeln (z. B. Karton-Trays für Dosengetränke).

MUSIKTIPP

Nat King Cole: „Mona Lisa"; italienische Musik der Renaissance, z. B. Bartolomeo Tromboncino, Vincenzo Capirola, Orlando di Lasso

Vorlage Mona-Lisa-Umriss

6 Renaissance: Albrecht Dürer (1471–1528)

Hintergrundinformation

Albrecht Dürer war ein umfassend gebildeter und interessierter Künstler der Renaissance – einer Epoche, in der antike Ideale wiedergeboren wurden und die naturgetreue Abbildung der Dinge das oberste Ziel der Kunstwelt war.

Schon in jungen Jahren brachte Dürer das Publikum mit seinem Zeichentalent zum Staunen. Er trug insbesondere zur Weiterentwicklung des Holzschnittes und des Kupferstiches bei, die damit nicht mehr nur lediglich der Buchillustrationen dienten, sondern zu eigenständigen Kunstwerken wurden. Dürer war einer der größten Meister des Details.

KUNST-TIPP

Albrecht Dürer: „Feldhase" (1502)
Dürers Feldhase ist ein besonderes Tierporträt der Kunstgeschichte, das ohne symbolischen oder religiösen Zusammenhang zu sehen ist. Das Fluchttier wurde nicht nur naturgetreu, sondern auch sehr überzeugend gemalt – man möchte das weiche Fell streicheln, bevor der Hase (mit bereits aufgestellten Ohren) wegläuft. Ob das Tier wirklich für diese Aquarellstudie geduldig posierte, ist allerdings ziemlich fraglich.

Albrecht Dürer: „Das große Rasenstück" (1503)
„Das große Rasenstück" ist eine Studie eines Naturausschnittes und entstand aufgrund des tiefen Blickpunktes höchstwahrscheinlich im Atelier. Die feine Ausarbeitung der einzelnen Wiesenpflanzen, die Bildkomposition und selbst das banale Thema waren zu Zeiten Dürers etwas vollkommen Neues.

Projekt „Dürers Hase ist ein Hammer“: Mischtechnik mit Chlorophyll

Zwei Naturstudien Dürers, „Der Feldhase“ und „Das große Rasenstück“, sind Inspiration zu dieser Arbeit. Das Besondere daran ist, einen mit Aquarell-Stiften gemalten Hasen auf einer Wiese zu zeigen, die allerdings weder gezeichnet noch gemalt, sondern „gehämmert“ ist.
Und das geht so: In frischen Blättern gibt es genügend natürlichen Farbstoff Chlorophyll, der mithilfe eines Hammers aufs Papier übertragen wird.

ZEITBEDARF

2 Unterrichtsstunden

MATERIAL

- Aquarellpapier oder etwas festeres Malpapier in DIN A4 (min. 120 g/m²)
- Aquarellstifte (Braun- und Grautöne)
- Pinsel (fein und mittlerer Größe)
- Bleistift
- Radiergummi
- Toiletten- bzw. Küchenrollenpapier

- eventuell Malerkrepp
- frische Wiesenkräuter
- Hammer
- Holzbrett (mind. DIN A4)
- altes Tuch/Stoffstück als „Schallschutz“-Unterlage
- diverse Hasen-Abbildungen als Vorlage

Lernziele der Schüler

- die detailreiche, naturalistische Malweise Albrecht Dürers kennenlernen
- einen Hasen mit charakteristischen Eigenschaften möglichst naturgetreu anhand von Abbildungen darstellen
- eine Wiese aus Naturmaterial mit einem gemalten Hasen komponieren
- Farbe aus der Natur gewinnen
- Mal-/Zeicheneigenschaften der Aquarellstifte ausloten
- Reichtum von diversen Pflanzenstrukturen verinnerlichen

Arbeitsablauf

1. *Vorbereitung optional: Beide Bilder Dürers genau betrachten, mit Fotos eines Hasen und einer Wiese vergleichen. Vergrößerte Details beider Bilder ansehen: Wie wurden das Fell bzw. die Blätter dargestellt? Die Schüler können auch erraten, mit welchem Pinsel der Maler gearbeitet hat (fein, grob). Malte Dürer schnell? Wie konnte man ein so ein ängstliches Tier wie den Feldhase zum Posieren bringen? Wie kann man einen Wiesenausschnitt malen – ist das bequem?*

2. Der Hase: Eine Hasenabbildung als Vorlage auswählen, genau betrachten und mit einem Bleistift zuerst die Umrisse grob auf das Papier übertragen. Dabei die richtigen Proportionen der Körperteile beachten. Nach und nach die weiteren Details mit Bleistift ergänzen (z. B. dunklere Bereiche schraffieren, Fell andeuten). Mit Aquarellstiften zart kolorieren und ausgewählte Partien mit Wasser übermalen. Nach Bedarf erneut mit Aquarellstiften zeichnen (auf dem noch feuchten Papier ist die neue Aquarellstiftschicht kräftiger als auf dem trockenen Malgrund).
   Die zarte Zeichnung auf der Untermalung verleiht insbesondere dem Fell mehr Weichheit.

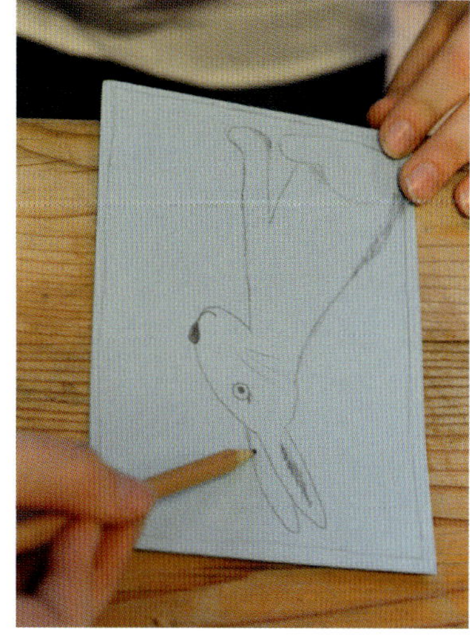

3. Hämmern: Auf den Arbeitsplatz die Stoffunterlage ausbreiten, darauf das Holzbrett und anschließend das Blatt mit dem gemalten Hasen auflegen. Auf die Arbeit zuerst eine frische Wiesenpflanze an der passenden Stelle platzieren (mit der Blattunterseite nach oben). Die Pflanze mit einem Stück Toilettenpapier abdecken (dieses eventuell mit einem Malerkreppstück an der Arbeit befestigen). Dann vorsichtig mit dem Hammer mehrmals auf die Wiesenpflanze hämmern. Eine Ecke des Toilettenpapiers anheben, um das Abdruckergebnis zu kontrollieren. Eventuell weiter hämmern.
Das Abdeckpapier (und eventuell Malerkrepp) sowie die Pflanze entfernen. Den Vorgang mit weiteren Pflanzen wiederholen, bis eine dichte Wiesenkomposition entstanden ist. Bei Bedarf einige Blüten mit Aquarellstiften dazuzeichnen.

Tipps

- Statt der Fotografien von Hasen können sich die Schüler auch Hasen-Plüschtiere anschauen. Diese eigenen sich sogar teilweise besser als Modell, da sie haptischer sind.
- Die Schüler sollten diverse Haltungen der Aquarellstifte ausprobieren (lotrecht und schräg zur Papieroberfläche). Auch können die Kinder die Einsatzmöglichkeiten der Aquarellstifte erweitern, indem sie mit unterschiedlichem Druck oder einem trockenen/feuchten Malgrund arbeiten.
- Anstelle von Aquarellstiften sind auch Aquarellfarben als Untermalung und Buntstifte in Braun- und Grautönen zum Verfeinern eine gute Alternative.
- Das Pflanzmaterial lässt sich z. B. beim Jäten des Schulgartens ganz praktisch und naturnah gewinnen.
- Auch Blüten lassen sich mit dem Hammer gut aufs Papier übertragen.
- Die Naturfarben verblassen mit der Zeit – darum sollte man das Bild vor direkter Sonneneinstrahlung schützen.
- Anstelle der „Hammer-Technik" können auch nicht zu große, charakteristische Wiesenpflanzen im Zeitungspapier zwischen Büchern ein paar Tage gepresst werden. Diese Pflanzen können dann am Bild als Wiese angeklebt werden. Das Bild eventuell mit Bleistift und Aquarellstiften um weitere Pflanzengruppen ergänzen (siehe Fotos).

Vorlage

"Denn wahrhaftig steckt die Kunst in der Natur" Albrecht Dürer	*"Denn wahrhaftig steckt die Kunst in der Natur"* Albrecht Dürer	*"Denn wahrhaftig steckt die Kunst in der Natur"* Albrecht Dürer	*"Denn wahrhaftig steckt die Kunst in der Natur"* Albrecht Dürer
"Denn wahrhaftig steckt die Kunst in der Natur" Albrecht Dürer	*"Denn wahrhaftig steckt die Kunst in der Natur"* Albrecht Dürer	*"Denn wahrhaftig steckt die Kunst in der Natur"* Albrecht Dürer	*"Denn wahrhaftig steckt die Kunst in der Natur"* Albrecht Dürer
"Denn wahrhaftig steckt die Kunst in der Natur" Albrecht Dürer	*"Denn wahrhaftig steckt die Kunst in der Natur"* Albrecht Dürer	*"Denn wahrhaftig steckt die Kunst in der Natur"* Albrecht Dürer	*"Denn wahrhaftig steckt die Kunst in der Natur"* Albrecht Dürer
"Denn wahrhaftig steckt die Kunst in der Natur" Albrecht Dürer	*"Denn wahrhaftig steckt die Kunst in der Natur"* Albrecht Dürer	*"Denn wahrhaftig steckt die Kunst in der Natur"* Albrecht Dürer	*"Denn wahrhaftig steckt die Kunst in der Natur"* Albrecht Dürer
"Denn wahrhaftig steckt die Kunst in der Natur" Albrecht Dürer	*"Denn wahrhaftig steckt die Kunst in der Natur"* Albrecht Dürer	*"Denn wahrhaftig steckt die Kunst in der Natur"* Albrecht Dürer	*"Denn wahrhaftig steckt die Kunst in der Natur"* Albrecht Dürer
"Denn wahrhaftig steckt die Kunst in der Natur" Albrecht Dürer	*"Denn wahrhaftig steckt die Kunst in der Natur"* Albrecht Dürer	*"Denn wahrhaftig steckt die Kunst in der Natur"* Albrecht Dürer	*"Denn wahrhaftig steckt die Kunst in der Natur"* Albrecht Dürer
"Denn wahrhaftig steckt die Kunst in der Natur" Albrecht Dürer	*"Denn wahrhaftig steckt die Kunst in der Natur"* Albrecht Dürer	*"Denn wahrhaftig steckt die Kunst in der Natur"* Albrecht Dürer	*"Denn wahrhaftig steckt die Kunst in der Natur"* Albrecht Dürer

MUSIKTIPP

Musik von
Alexander Agricola,
Ludwig Senfl,
Paul Hofhaimer

Romantik: Caspar David Friedrich (1774–1840)

Hintergrundinformation

„Nichts ist Nebensache in einem Bilde, alles gehöret unumgänglich zu einem Ganzen, darf also nicht vernachlässigt werden", meinte Caspar David Friedrich, der Vertreter der Romantik in der Malerei.
In seinen stimmungsvollen und detailreichen Landschaftsbildern wollte er aber nicht die realistische Abbildung der Natur, sondern die menschlichen Gefühle wie Einsamkeit oder Angst zeigen. Die Menschen wurden meist von hinten, in Zwiesprache mit der Natur, gemalt. Jede Bildszene wurde sorgfältig so konstruiert, dass ein Gefühl der Räumlichkeit entsteht – die Bildtiefe wurde durch mehrere Raumschichten und Raumsperren (wie Mauern) gesteigert.

KUNST-TIPP

Caspar David Friedrich: „Abtei im Eichwald" (1810)
Die „Abtei im Eichwald" zeigt eine düstere Landschaft mit einem Klosterfriedhof im Winter, einer gotischen Kirchenruine, laublosen Bäumen und einer Mönchsgruppe. Diese beschäftigt sich mit dem Rätsel des Lebens und des Todes. Die Nacht (Vergangenheit) ist noch nicht zu Ende, der neue Tag (die Zukunft) ist noch nicht angebrochen. Die Dämmerung symbolisiert die Ungewissheit der Menschen, die helleren Teile des Himmels die Hoffnung.

Projekt „Licht aus, Fledermaus!": Diorama in Mischtechnik

Eine geheimnisvolle, etwas gruselige dreidimensionale Szene ist ein idealer Rahmen fürs Theater-Spielen (z. B. in eigener Halloween-Verkleidung), aber auch fürs Philosophieren und Nachdenken ...

ZEITBEDARF

2–3 Unterrichtsstunden

MATERIAL

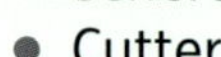

- Schuhkarton mit Deckel, Größe ca. DIN A4
- festeres Zeichen- oder Kopierpapier (ab 120 g/m²), 1–2 Stück pro Schüler, DIN A4
- Packpapier
- Zweige, getrocknete Pflanzen (nicht gepresst)
- Tempera in Schwarz
- Softpastellkreiden
- weiße Kerzenstümpfe
- Flachpinsel (groß/mittelgroß)
- Zahnstocher
- Schere
- Cutter (Benutzung nur durch die Lehrkraft)
- Bleistift
- schwarzer Filzstift bzw. Fineliner
- Klebstoff und Heißkleber (Benutzung nur durch die Lehrkraft)
- Fixativ bzw. Haarspray
- eventuell Gartenschere
- falls vorhanden ein Foto jedes Schülers in Verkleidung (z. B. Hexe)

Lernziele der Schüler

- romantische Bildsprache Caspar David Friedrichs kennenlernen
- ein dreidimensionales, stimmungsvolles Abend-Bild gestalten
- Zeitspuren (Verfall) und Vergänglichkeit darstellen (Ruine, laublose Bäume)
- themabezogene Details und Figuren ausdenken und sorgfältig ausarbeiten
- die Bildtiefe in unterschiedlichen Detaillierungsstufen und Techniken erzielen (verschwommener Hintergrund/Softpastellkreiden, Ruine/Sgraffito, Felsen/zerknülltes Papier)
- Farbabstufungen des Abendhimmels mit Pastellkreiden wiedergeben
- Sgraffito-Technik kennenlernen und für alte Architekturelemente anwenden
- ein gotisches Architekturmerkmal (Spitzbogen) darstellen
- Naturmaterial einbeziehen
- Abfallmaterial verwenden

Arbeitsablauf

1. Vorbereitung: Besprechung mit den Schülern: Welche Landschaft/Jahres-/Tageszeit magst du besonders, welche beunruhigt dich und warum?
   Optional: Den Lebenslauf Caspar David Friedrichs kurz erläutern, seine diversen Landschaftsbilder ansehen (z. B. „Abtei im Eichwald" 1810, „Huttens Grab" 1823, „Zwei Männer in Betrachtung des Mondes" 1823/24); dabei die Themen und die Stimmung besprechen. Wie wurden die Natur, die Architektur und der Mensch dargestellt (Größe, Proportionen)? Welche Landschaften, Jahres- und Tageszeiten sieht man auf den Bildern und was können sie bedeuten?
   Beachten Sie dabei: Farbstimmungen/Verläufe des Abendhimmels, gotische Kirchenfassaden, laublose Bäume im Winter. Anschließend den Körperbau einer Fledermaus anhand von Abbildungen analysieren.
2. Hintergrund: Für das Passepartout in den Schuhkartondeckel ein Fenster schneiden, sodass am Deckel ein umlaufender Rahmen mit ca. 2 cm Breite verbleibt (die Lehrkraft sollte das Fenster mit dem Cutter ausschneiden).

Das Passepartout sowie alle vier Seitenwände des Schuhkartons an der Innenseite mit schwarzer Tempera deckend ausmalen. Für die Schachtelrückwand (innen) zwei bis drei Softpastellkreiden auswählen (eine dunkelblaue sollte dabei sein) und die Farben von der dunkelsten zur hellsten anordnen. Den oberen und den unteren Hintergrundteil in mindestens 5 cm breiten Streifen mit Dunkelblau bemalen, weiter zur Mitte symmetrisch wärmere bzw. hellere Töne wählen und in breiten, horizontalen Streifen auftragen. Dann mit dem Finger verwischen: Die Farbverläufe sollen möglichst harmonisch und sanft (weich) sein. Eventuell mit kräftigerem Druck nochmals eine Pastellschicht auf bestimmte Bereiche auftragen und erneut verwischen. Mit Fixativ besprühen.

3. Ruine: Das Zeichenpapier quer oder längs halbieren und abschneiden. Auf einer Papierhälfte mit dem Bleistift den Umriss einer Ruine grob andeuten (Länge, Höhe, Zinnen, Öffnungen), dabei die Lage des Bauwerkes in der Szene und die Maße der Schachtel berücksichtigen.
   Mit Kerzenstumpfen kräftig die Ruinenskizze bemalen – die Oberfläche soll glänzend sein. Anschließend mit schwarzer Tempera bemalen und mit einem Zahnstocher die Details (z. B. Mauerwerk, Steine, Fenster, Tore, Laibungen) auskratzen. Dabei möglichst zügig arbeiten, da in der getrockneten Farbschicht das Auskratzen schwieriger ist. Trocknen lassen.
   Mit der Schere die Öffnungen der Ruine ausschneiden und den Mauerrand (schiefe, verfallene Mauerkanten, Zinnen) ausformen.
   Die Ruine in der Schachtel mit etwas Abstand und eventuell auch etwas schräg zum Hintergrund ankleben (etwas zerknülltes Packpapier als Distanzpolster nehmen oder linken bzw. rechten Ruinenrand ca. 1 cm breit einfalzen und die Falz an die Schachtelseitenwand ankleben).
4. Details: Das Packpapier zerknüllen und wieder etwas ausbreiten, damit eine passende Felsenform entsteht. Ganz vorne, vor der Ruinenwand, auf dem Schachtelboden ankleben. Auf dem restlichen Zeichenpapier mit Bleistift einen Vollmond freihändig (oder z. B. mit einer Becher-Schablone) aufzeichnen, ausschneiden und am Himmel ankleben.
   Weitere mit der „Nacht“ assoziierte Figuren (z. B. Fledermaus, Hexe, Gespenst) auf dem Zeichenpapier mit Bleistift skizzieren, mit schwarzem Filzstift nachzeichnen, mit ca. 1–2 mm Rand ausschneiden und in die Szene kleben.
   Getrocknete Pflanzen und Zweige aussuchen, eventuell kürzen und in der Szene als „laublose Bäume“ mit Klebstoff oder Heißkleber befestigen.
5. Präsentation: Das Passepartout aus dem schwarz bemalten Schuhkartondeckel auf den Schuhkarton geben, eventuell mit Heißkleber verbinden. Falls vorhanden, ein eigenes Foto (jedes Schülers) in „Gruselverkleidung“ (mit weggeschnittenem Hintergrund) in die Szene einkleben.

Tipps

- Die Pastellkreiden liegend (flach) halten, so kann man schneller eine größere Fläche bemalen. Gestalten mit Pastellkreiden ist mit etwas Farbstaub verbunden – Sie sollten einen Lappen zum Händesäubern bereitstellen.
- Anstatt von Pastellkreiden kann der Hintergrund auch mit Temperafarben angemalt werden. Bei dieser Variante auf genügend Wasserzugabe achten, damit die Farbverläufe sanft gelingen (die Schachtel liegend bemalen, um ein Hinunterrinnen der Farbe zu vermeiden).
- Die Softpastellzeichnung beim offenen Fenster aus ca. 25 cm Entfernung mit Fixativ besprühen.
- Mit einem LED-Teelicht hinter der Ruinen-Wand kann die geheimnisvolle Stimmung gesteigert werden.

MUSIKTIPP

Ludvig van Beethoven; „Mondscheinsonate“, Franz Schubert: „Nacht und Träume“, Frederic Chopin: „Nocturnes“, „Finster, finster“ (Kinderlied)

8 Ukiyo-e: Katsushika Hokusai (1760–1849)

Hintergrundinformation

Der japanische Maler und Holzschnittmeister Katsushika Hokusai war einer der wichtigsten Vertreter der Stilrichtung Ukiyo-e („Bilder der fließend-vergänglichen Welt"), die in Japan als Volkskunst galt. Großstadtvergnügungen und Alltagsleben des damaligen Japan, aber auch Landschaften und Naturphänomene, waren die Hauptthemen in Hokusais Arbeiten.
In Hokusais Mangas („beliebige Skizzen") finden die japanischen Comics ihren Ursprung. Sein unverwechselbarer Stil ist an der subtilen Farbgebung, edlen Formen und ungewöhnlichen Bildausschnitten erkennbar, die eine Inspiration für Impressionisten und Expressionisten waren.

KUNST-TIPP

Katsushika Hokusai: „Die große Welle vor Kanagawa" 1829/1833
„Die große Welle vor Kanagawa" ist das wohl bekannteste Bild der Serie „36 Ansichten des Berges Fuji" mit den verschiedenen japanischen Landschaften rund um den Berg Fuji. Das in Holzschnitt-Technik angefertigte Werk stellt zwei Fischerboote auf dem aufgewühlten Meer dar.
Der größte Berg Japans wurde hier ganz klein abgebildet, was die Entfernung zu ihm definiert. Die Komposition aus Diagonalen (Wellen, Boote) wirkt sehr dynamisch und betont die große Gefahr, der die im Vergleich zur mächtigen Welle filigranen Fischer gerade ausgesetzt sind.

Projekt „Die große Welle": 3D-Bild

Hokusais Bild-Motiv der großen Welle mit dem Fischerboot und Fischernetz wird in diesem Projekt als dreidimensionale Szene umgesetzt. Die Dramatik der Situation wird durch mehrere Wellenebenen aus dynamisch gestaltetem Papier mit gerissenen Rändern betont. Die Proportionen der Bildteile und deren Anordnung lassen uns in das Schicksal der Meeresgewalt ausgesetzter Menschen einfühlen.

ZEITBEDARF

2 Unterrichtsstunden

MATERIAL

- flache Kartonschachtel (ca. DIN A4)
- Aquarellpapier (DIN A4 oder größer)
- Tonpapier (DIN A4) in Braun
- stärkeres Zeichen- bzw. Kopierpapier (min. 120 g/m²), DIN A5
- Temperafarben in Blau, Weiß und Schwarz
- schwarzer Fineliner
- Pinsel diverser Größe

- eventuell Buntstifte
- Bleistift
- Schere
- Klebstoff
- Distanzpolster aus Pappe
- Netzflächen (z. B. aus Obst-/Gemüse-Verpackungen)
- eventuell Gabel

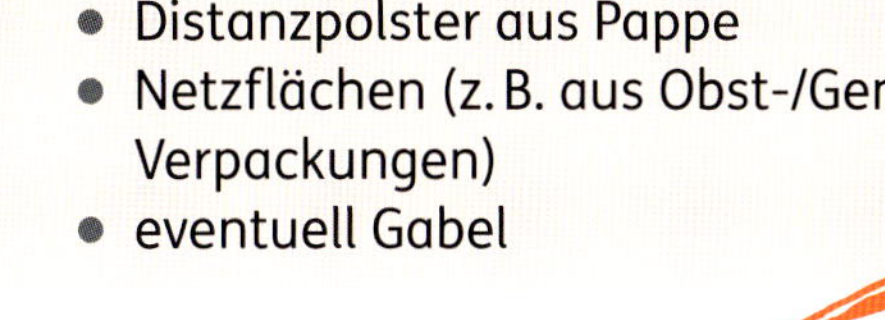

Lernziele der Schüler:

- die Bildsprache Hokusais am Beispiel der „Fuji-Serie" kennenlernen
- ein zweidimensionales Motiv (Holzschnitt) in eine dreidimensionale Version (Mischtechnik-Diorama) übersetzen
- die Farbpalette des Originalbildes anwenden
- die Dynamik der Szene mit Komposition, Proportionen und Gestaltungstechniken wiedergeben
- Papier in verschiedenen Techniken gestalten (bemalen, bespritzen, reißen, falten)
- Abfallprodukte mit einbeziehen

Arbeitsablauf

1. Vorbereitung: Besonderheiten der geografischen Lage Japans erläutern, Abbildungen japanischer Landschaften mit dem Vulkan Fuji im Hintergrund präsentieren und mit diversen Bildern der Fuji-Serie von Hokusai vergleichen.
   Den Vulkan auf jedem der Bilder finden, die einzelnen Szenen besprechen: Womit sind die Menschen beschäftigt? Zu welcher Gesellschaftsgruppe gehören sie? Wurde der Fuji auf jedem Bild anders dargestellt? Warum?
   Optional: Die „Welle" auf dem Bild „Die große Welle" genauer betrachten und zu den Themen Komposition, Proportionen und Farbpalette untersuchen. Eventuell den Alltag eines Fischers besprechen: Was ist an diesem Beruf schön, was ist gefährlich?
2. Wellen: Insbesondere diesen Arbeitsschritt können Sie sehr gut mit musikalischer Untermalung durchführen (siehe Musiktipp). Das Musikstück zuerst mit geschlossenen Augen anhören und die Meeresstimmung verspüren. Dann mit einem Flachpinsel dynamisch die Farben auf das Aquarellpapier auftragen und dabei die Wassermenge variieren. Der Pinselduktus sollte idealerweise die stürmische Stimmung wiedergeben (nutzen Sie dazu die Musikbegleitung!). Die bemalte Oberfläche kann auch mit einer Gabel dynamisch eingeritzt werden, um die Dynamik der Welle und der Gischt zu betonen.
   Anschließend die Farbe(n) mit der feuchten Pinselspitze aufnehmen, mit dem Finger der anderen Hand über dem Aquarellpapier kräftig die Pinselhaare durchstreifen und damit die Papierfläche bespritzen.
   Das gestaltete Papier im Querformat auflegen, ein paar Zentimeter vom oberen Papierrand entfernt eine Hand auflegen, mit der zweiten Hand am linken oder rechten Rand das Papier vorsichtig anreißen und in langsamer Wellenbewegung bis zum gegenüberliegenden Rand fertig reißen (die erste Hand unterhalb der Reißlinie mitziehen – so wird das Einreißen an unerwünschter Stelle verhindert).

Den Vorgang mehrmals wiederholen, bis die ganze Farbfläche verbraucht ist. Die am besten gelungenen Streifen aussuchen und an die Breite der Schachtel mit der Schere anpassen. An der Rückseite der Papierwellen Distanzpolster aus Pappe mit Klebstoff befestigen. Mit etwas Abstand zum oberen Schachtelrand die erste Welle an die Schachtel ankleben. Die weiteren Wellen überlappend sukzessiv Richtung zum unteren Rand anbringen, die Dicke der Distanzpolster bei jeder weiteren Schicht erhöhen (die unterste Welle ist somit ganz vorne).

3. Aus braunem Tonpapier ein Boot falten.
4. Auf DIN-A5-Papier mit Bleistift eine kleine Fischer-Gruppe passend zur Bootsgröße zeichnen, dabei die Angst der Menschen darstellen (auf Gesichtsausdruck und Handhaltung achten). Mit schwarzem Fineliner nachzeichnen, dann die Bleistiftspuren ausradieren und eventuell mit Buntstiften kolorieren. Dann mit ca. 2 mm Abstand zur Kontur ausschneiden, an die passende Netzfläche (Fischernetz) ankleben und anschließend am Boot befestigen (ankleben).
5. Mit dem Fineliner den Berg Fuji am Schachtelhintergrund aufzeichnen (je kleiner der Berg, desto größer wirkt die angedeutete Entfernung).
6. Auf einem weißen Papierrest den eigenen Namen von oben nach unten (wie in der japanischen Tradition) aufschreiben, mit einem Rahmen umranden, mit etwas Abstand zum Rand ausschneiden und an das Werk ankleben.
7. Das Fischerboot zwischen den Wellen (ohne es anzukleben) platzieren.

Tipp

- Mit dem beweglichen Papierboot kann die Dynamik der Komposition erprobt werden: Wenn das Boot horizontal positioniert ist, hat man das Gefühl der Regungslosigkeit. Verdreht man das Boot ein wenig, wird die Bewegung betont (Horizontale und Vertikale wirken statisch, die Diagonale dynamisch).

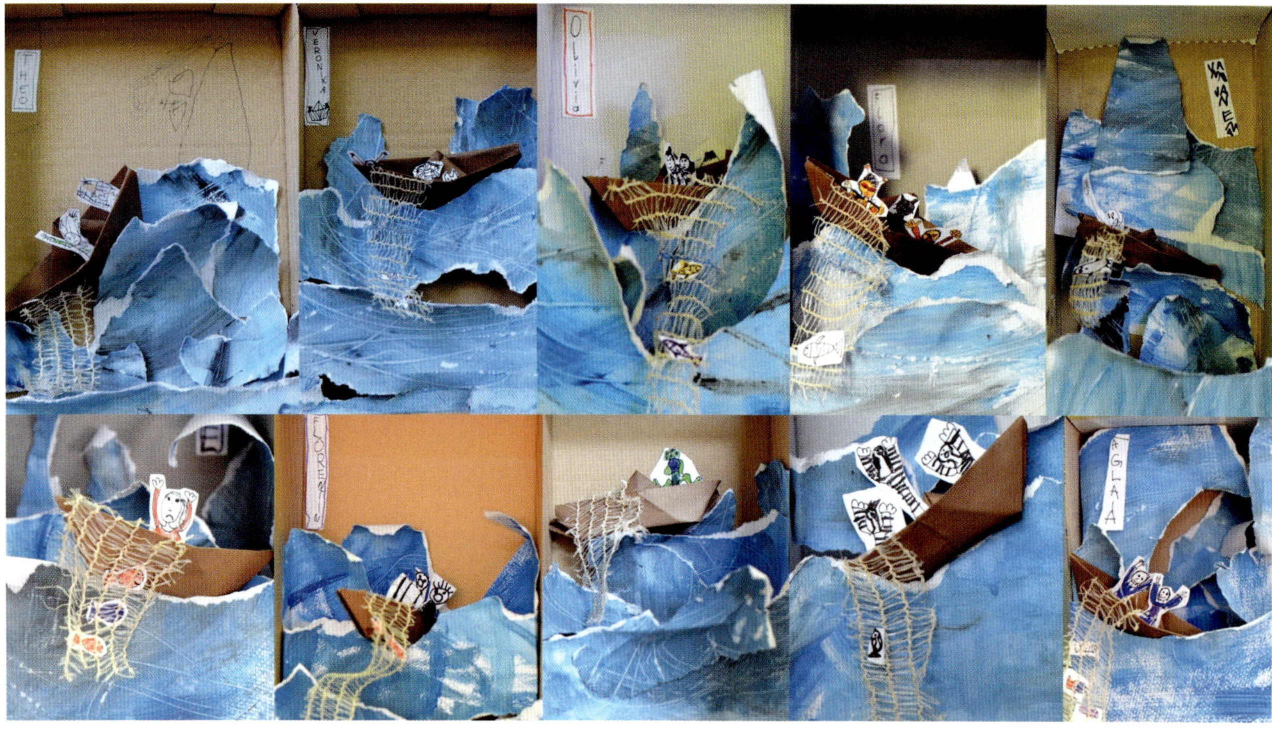

MUSIKTIPP

Claude Debussy: „La Mer“, Maurice Ravel: „Miroirs III. Une Barque sur L'Ocean“, Benjamin Britten: „Four Sea Interludes/ Peter Grimes“, Edward Elgar: „Sea Pictures, Op. 37“

Impressionismus: Claude Monet (1840–1926)

Hintergrundinformation

Claude Monets „Impression, Sonnenaufgang" aus dem Jahr 1872 gab einer ganz neuen Stilrichtung ihren Namen. Impressionisten verließen ihre Ateliers und suchten nach ihren meist alltäglichen Motiven im Freien. Das war ganz ungewöhnlich, da bis dahin nur historische, naturalistisch dargestellte Szenen den Geschmack des Publikums prägten. Malen im Freien bedeutete eine ganz andere Arbeitsweise: Die Licht- und Wetterverhältnisse veränderten sich rasch, das Maltempo musste daran angepasst sein, um die Eindrücke (Impressionen) auf der Leinwand festzuhalten. Das war oft auch der Grund für mehrere Varianten eines Motivs, wie z. B. die Kathedrale von Rouen (ihre Westfassade griff Monet sogar 28 Mal in unterschiedlichen Motiven auf!).

Die Malweise der Impressionisten war auch eine andere als zuvor: Die Farbe wurde in Tupfen und Strichen in mehreren Schichten aufgetragen. Die visuelle Wahrnehmung war den Impressionisten wichtiger als das Motiv selbst. Es wurden Kontraste zwischen Komplementärfarben genutzt, um ihre Leuchtkraft gegenseitig zu steigern (wie in Monets Bild „Mohnblumenfeld" das Farbenpaar Grün/Rot).

KUNST-TIPP

Claude Monet: „Seerosen" (1915)
Monets Garten in Giverny in der Nähe von Paris war seine Kraft- und Inspirationsquelle. Der selbst angelegte (Wasser)Garten lieferte dem Maler unzählige Motive. Monet komponierte seine Seerosen-Szenen nicht wie Landschaftsbilder, sondern als Ausschnitte der Wasseroberfläche mit ihren Reflexen: Der Horizont wurde nicht dargestellt, der Himmel war nur als Spiegelung im Wasser vorhanden. Zunehmend wurden die Seerosen-Motive aufgelöster, abstrakter und die Leinwände größer (sogar um die sechs Meter Länge).

Projekt „Seerosenteich? Gleich!": Tempera-Impression mit Seerosen

Die Schüler sollen bei diesem Projekt wie die Impressionisten arbeiten und die Eindrücke und das Licht rasch, am besten im Freien, festhalten. Anschließend sollen die Kinder aus allen Werken wie aus Farbtupfern einen großen „Künstler-Teich“ zusammenbauen.

ZEITBEDARF

2 Unterrichtsstunden

MATERIAL

- Schuhkartondeckel (ca. DIN A4)
- 2 Seiten (quadratisch, ca. 10 × 10 cm) aus dem weißen Notizblock (Zettelklotz)
- Temperafarben in drei Grundtönen plus Weiß
- Flachpinsel diverser Größe
- Bleistift
- Schere
- Klebstoff
- Radiergummi
- eventuell Firnis

Lernziele der Schüler

- die Bildsprache der Impressionisten kennenlernen
- im Freien arbeiten (Lichtverhältnisse, Lichtveränderung, Wetterverhältnisse, Tageszeit wahrnehmen)
- rasch (skizzenhaft) und in einem Arbeitsgang (alla prima) gestalten
- den Pinselstrich (Kleckse, Tupfer, Striche) zum Bild-Aufbau verwenden
- aus Grundfarben die benötigten Farbtöne direkt auf dem Malgrund mischen
- den Unterschied zwischen naturalistischer (Seerose) und impressionistischer (Wasseroberfläche) Darstellung erkennen
- eine Wasserlandschaft als Gruppenarbeit aufbauen

Arbeitsablauf

1. *Vorbereitung optional: Claude Monets Wassergarten in Giverny sowie seine diversen Seerosen-Werke anhand von Abbildungen ansehen. Vergrößerungen eines Bildbereiches betrachten und besprechen: Wie wurden die Farben aufgetragen? Erkennt man die Formen gut?*
   Diverse Seerosensorten (Knospen, Blüten und Blätter) in der Natur bzw. auf Fotos ansehen. Mit Darstellung Monets vergleichen. Wasseroberfläche (Biotop, Wasserbehälter) beim Sonnenlicht betrachten, ruhige und aufgewühlte Stadien ausprobieren. Lichtreflexe wahrnehmen.

2. Seerose (siehe Fotoanleitung): zwei quadratische Notizzettel übereinanderlegen, zur Hälfte falten, nochmals zur Hälfte falten und aufklappen. Die Faltlinien teilen den Zettel auf 4 gleiche Quadrate. Einen Kreis auf dem Zettel so mit Bleistift aufzeichnen, dass die Bogenteile zwischen den vier Faltpunkten an den Papierrändern aufgespannt sind.
   Auf jedem Bogen zwei deutliche Punkte oder kurze Striche markieren. Eine sternenförmige Blume mithilfe der Markierungen aufzeichnen. Beide Zettel mit einer Hand zusammenhalten und die Blume ausschneiden. Die Schere soll dabei bei jedem Einschnitt immer von außen nach innen kommen. Die ausgeschnittene Blüte mit der Bleistiftseite nach unten legen (somit erspart man sich das Ausradieren, was die Blüte beschädigen könnte), die „Zacken“ nach innen knicken. Die oben liegende Blüte herausnehmen. In die Mitte der unteren Blüte etwas Klebstoff geben, die zweite Blüte darauf leicht um die Achse verdreht auflegen und andrücken (die Zacken einer Blüte liegen in den Zwischenräumen der Zacken der zweiten Blüte). Die Seerose eventuell noch mit der Hand formen und dann auf die Seite legen.

Bastelanleitung Seerose

3. Den Schuhkartondeckel samt schmalen Seitenteilen mit einem breiten Flachpinsel und weißer Tempera vollflächig und deckend bemalen.

4. Wasseroberfläche: Mit kurzen Strichen, Klecksen und Tupfern auf die noch frische weiße Untermalung die Grundfarben auftragen und direkt auf dem Malgrund neue Farbkombinationen wagen. Möglichst rasch mit Flachpinseln in diversen Größen arbeiten. Im Gegenteil zur weißen Untermalung soll die Wasseroberfläche nicht flächig gemalt, sondern eher aufgetupft sein (ein wiederholt gerufenes: „Strich-Strich! Tupfer-Tupfer!" als Zwischenkommando hilft den Kindern, das gewöhnte „Hin-und-Her-Malen" bei diesem Projekt zu überwinden).

5. Auf der noch frischen Wasserlandschaft die Papierseerose platzieren und leicht andrücken (es ist kein Klebstoff notwendig).

6. Nach dem Austrocknen eventuell eine Firnisschicht auf die Wasserlandschaft auftragen (als Schutzschicht und zur Steigerung der Farb-Tiefenwirkung).

7. Alle Werke auf dem Boden zu einem Teich zusammenlegen.

Tipps

- Wenn der Schuhkartondeckel eine glänzende Oberfläche hat, empfiehlt es sich, den Malgrund etwas mit Schleifpapier anzurauen. So können die Farben besser haften.
- Die Bögen bzw. Kreise für die Seerosenskizze können die Kinder gerne freihand ohne Zirkel oder Schablone zeichnen.
- Vor dem Einkleben der Papierseerose auf den Malgrund kann diese noch eine kleine, reelle „Wasserfahrt" unternehmen: Wenn man eine „geschlossene" Seerose kurz aufs Wasser legt, öffnet sich die Blüte! Nicht zu lang schwimmen lassen, sonst wird die Papierblüte aufgeweicht.
- Anstelle eines Schuhkartondeckels sind auch Hartschaumplatten (aus dem Baumarkt) aus expandiertem und extrudiertem Polystyrol (ohne Randfalz) interessant anzuwenden: Die Platten mit dem Cutter (Verwendung nur durch die Lehrkraft) auf mindestens 20 × 20 cm große Stücke zuschneiden. Zum Bemalen eignen sich in diesem Fall Acrylfarben. Vorteil dieser Variante ist, dass die Werke selbst schwimmen können. Eine Präsentation auf einem seichten Schulbiotop oder in einer großen Regenpfütze wird somit zu einem besonderen Erlebnis!

MUSIKTIPP

Claude Debussy: „Reflets dans l'eau", „Clair de Lune", „Arabesque No. 1 and No. 2"

10 Wegbereiter der modernen Malerei: Paul Cézanne (1839–1906)

Hintergrundinformation

„Mit einem Apfel werde ich Paris in Erstaunen versetzen", sagte der französische Maler Paul Cézanne kämpferisch, dessen Kunst zu seinen Lebzeiten weder vom Publikum noch von Malerkollegen verstanden wurde. Dabei gilt heute gerade Cézanne als Wegbereiter der modernen Malerei. Sein Malstil entwickelte sich aus der düsteren Romantik über den lichtdurchfluteten Impressionismus zur einer ganz eigenen Bildsprache. Seine bevorzugten Themen waren Porträts, Landschaften und Stillleben, die er oft in unzähligen Varianten anfertigte. Cézanne interessierte sich für die menschliche Wahrnehmung und die räumliche Wirkung der Farben. Er kopierte die Natur nicht, sondern malte, was er sah: die Farbschattierungen, die ein Objekt formen.

KUNST-TIPP

Paul Cézanne: „Stillleben mit Äpfeln und Orangen" (1895)
Dieses Stillleben baute Cézanne aus einfachen, meistens sich wiederholenden Elementen auf: mit Früchten, Geschirr und drapiertem Stoff. Manchmal suchte er stundenlang nach den passenden Farbnuancen. Nicht immer waren seine „Modelle" geduldig genug für diese pedantische Art zu malen – die Äpfel verfaulten oft, bevor das Bild fertig war ...

Cézanne hielt verschiedene Blickwinkel in einem Bild fest. Seine Farbpalette basierte vor allem auf drei Grundfarben: Gelb, Rot und Blau und ihren unmittelbaren Abweichungen. Cézanne nutzte das Phänomen der visuellen Wahrnehmung, bei der die hellen, warmen Farben in den Vordergrund treten und zuerst gesehen werden.

Projekt „Gesunde Farben-Pause": Stillleben auf Pappteller

Wer vielleicht nicht so gerne Obst isst, wird vermutlich nach diesem Projekt doch auf den Geschmack kommen, denn – wie bei Cézanne – laden die gemalten Früchte zum sofortigen Zugreifen ein. Eine „echte" gesunde Pause als Abschluss rundet das Projekt ab ...

ZEITBEDARF

1–2 Unterrichtsstunden

MATERIAL

- Obst in einfachen Formen (z. B. Äpfel, Birnen, Zitronen, Pflaumen), eventuell ein weißer Teller oder Stoff für die Stillleben-Komposition
- pro Schüler: ein runder, weißer Pappteller, unbeschichtet, mittelgroß
- Tempera in Grundfarben plus Weiß plus Schwarz
- Pinsel mittlerer Größe (flach und rund)
- Bleistift
- schwarzer Filzstift
- eventuell Firnis
- Klebepads

Lernziele der Schüler

- direkt vom Modell (Stillleben) malen
- die räumliche Anordnung der Objekte sowie der Formen wahrnehmen und wiedergeben
- mit Farbe und Licht die Objekte formen
- kalte und warme Farbtöne mischen und zur Steigerung der räumlichen Wirkung anwenden
- Farben aufhellen und trüben (Weiß und Schwarz beimischen)
- Wurfschatten mit einbeziehen
- eine gleichmäßige Farbintensität im Bild erzielen (Hintergrund nicht abgeschwächt)
- den Teller in die Stilllebenkomposition als Malgrund integrieren

Arbeitsablauf

1. *Vorbereitung optional: Den Farbkreis (primäre, sekundäre und komplementäre Farben) erklären. Cézannes Lebenslauf kurz erläutern, eventuell mit Abbildungen des Künstlerateliers in Aix-en-Provence ergänzen (insbesondere Stillleben-Elemente).*
   Diverse Stillleben-Bilder Cézannes betrachten und mit einem Stillleben der niederländischen Barockmeister wie z. B. Jan Davidsz. de Heem vergleichen: Worin unterscheidet sich z. B. die Darstellung der Früchte? Ein Obststück auf einem der Bilder Cézannes auswählen und die Farbverläufe an der Oberfläche genauer ansehen. Wie wurde die greifbare Form aufgebaut? Welche Farben wählte der Maler für näher bzw. weiter zum Betrachter liegende Obstteile? Diverse Obstsorten in der Natur ansehen, anfassen und die Formen spüren.
   Dann eine einfache Stillleben-Komposition an einem hellen Platz aufstellen und die räumliche Anordnung der einzelnen Elemente, Formen, Farben und das Licht besprechen.

2. Auf dem Pappteller die Umrisse der Früchte aus dem aufgestellten Stillleben mit Bleistift skizzieren, dabei mit den vorderen Früchten beginnen. Auf vereinfachte Formen, Proportionen und auf die Lage achten (manche Früchte sind nur teilweise sichtbar!). Mit dem schwarzen Filzstift die Umrisse nachzeichnen.

3. Mit Tempera die Umrisse ausmalen, dafür die benötigten Farben aus den drei Grundfarben mischen.
   Einem Farbton etwas Gelb (zum „Aufwärmen“) bzw. etwas Blau (zum „Abkühlen“) beimischen.
   Mit den Farben die Früchte so modellieren, dass wärmere Töne für nähere Bereiche ausgewählt werden. Mit kühleren Tönen (Blau-Mischungen) den Hintergrund ausmalen. Mit Weiß(-mischungen) die Lichtreflexe und mit Schwarz(-mischungen) den (Wurf)Schatten malen. Trocknen lassen.

4. Eventuell eine Firnisschicht auftragen. Mithilfe der auf der Rückseite der Arbeiten aufgebrachten Klebepads die fertigen Arbeiten als Wandteller präsentieren.

Tipps

- Das menschliche Auge sieht zuerst die hellen und warmen Töne, die nach vorne zu treten scheinen. Benachbarte komplementäre Farben wirken intensiver (z. B. Rot/Grün), diese Phänomene nutzte auch Cézanne.
- Mit halb geschlossenen Augen nimmt man leichter die Lichtkontraste wahr, was beim Ausformen der Rundungen helfen kann.
- Kinder übertreiben oft mit der Zugabe von Weiß (Licht) und Schwarz (Schatten). Als Einführung in die räumliche Darstellung bringt diese Übertreibung jedoch überzeugend wirkende Ergebnisse, auch wenn Cézanne auf harmonischere Farbnuancen achtete!

MUSIKTIPP

Maurice Ravel: „Klavier-Trio a-moll“,
Eric Satie: „Gymnopedie“

Naive Kunst: Henri Rousseau (1844–1910)

Hintergrundinformation

Henri Rousseaus Malstil wird meist der „Naiven Kunst“ zugeordnet.
Rousseau stammte aus einer Arbeiterfamilie, war von Beruf Zöllner und brachte sich die Malerei selbst bei (er war ein Autodidakt). Kindliche Träume vermischte er mit einer idealisierten, vereinfachten Welt. In seinen mit leuchtenden Farben gemalten Bildern sind Vordergrund und Hintergrund gleich scharf, mit harten Kontrasten ohne Übergänge. Er verzichtete auf Schatten und Perspektive und die Personen waren meistens starr und in Vorderansicht dargestellt.
Das Publikum verspottete ihn zunächst, doch seine Dschungelbilder verschafften ihm den Durchbruch und Anerkennung. Für viele etablierten Künstler galt er als Wegbereiter des Surrealismus – einer Kunstrichtung, die Elemente aus der realen Welt auf eine neue, unwirkliche Weise kombinierte.

KUNST-TIPP

Henri Rousseau: „Der Traum“ (1910)
„Der Traum“ ist das größte Gemälde Rousseaus aus seiner Regenwaldbildserie. Obwohl Rousseau vermutlich selbst nie im Regenwald war, gelang es ihm mit diesem Bild, die botanische Pracht in über 50 Grüntönen wiederzugeben!
Rousseaus Inspirationsquelle waren der Pariser Botanische Garten, Fotos und Buchillustrationen. Aber seine Kompositionen entsprachen nicht der Wirklichkeit – in einem Regenwaldbild trafen sich Tier- und Pflanzenarten aus unterschiedlichen Klimazonen und von unterschiedlichen Kontinenten, Erinnerungen (z. B. an seine hier abgebildete Verlobte aus der Jugendzeit) und sogar auch ein bequemes Möbelstück! Vielleicht ist es ein Bild der Sehnsucht nach eigener Vergangenheit? Vielleicht aber auch nach verlorener Naturverbundenheit der Menschheit im Allgemeinen ...

Projekt „Regenwald": Schichtenbild

Ein Farbton nach dem anderen, von oben nach unten – so malte der Autodidakt Rousseau. Auch wir versuchen, in drei Schichten von vorne nach hinten eine traumhafte und detailreiche Regenwaldszene aufzubauen und über unzählige Nuancen der Farbe Grün zu staunen ...

ZEITBEDARF

2 Unterrichtsstunden

MATERIAL

- Zeichenpapier DIN A4 (für das Hauptwerk) plus DIN A5 (für Tier- und Menschendarstellungen)
- Tonpapier in Schwarz (DIN A5)
- Tonpapier in Grün (DIN A5)
- Ölpastellkreiden, eventuell Wachskreiden
- Zahnstocher
- Maltuschen (wasserfeste Tinte) oder Wasserfarben in diversen Farbtönen
- Filzstifte
- Pinsel diverser Größe
- Bleistift
- Schere
- Klebstoff
- Abbildungen diverser Pflanzen- und Tierarten aus der tropischen Klimazone
- eventuell exotische/mediterrane Zimmerpflanzen zum Betrachten

Lernziele der Schüler:

- die Bildsprache Henri Rousseaus kennenlernen
- eine Regenwaldszene schichtweise aufbauen
- unterschiedliche Grüntöne auf unterschiedlichen Untergrund-Farbtönen ausloten
- Fantasie und Realität verbinden
- Details ausarbeiten
- mit einem Scherenschnitt die Pflanzenstruktur betonen
- hydrophobe Eigenschaften der Öl-/Wachskreide anwenden

Arbeitsablauf

1. *Vorbereitung optional: Diverse Regenwald-Bilder Rousseaus ansehen (z. B. „Die Schlangenbeschwörerin" von 1907, „Der Traum" von 1910) und besprechen: Welche Stimmung herrscht im Bild? Welche Elemente gehören zum Traum, welche zur realen Welt? Wie könnten die einzelnen Grünschattierungen genannt werden? Warst du schon einmal im Regenwald? Wie stellst du ihn dir vor? Was weißt du über den Regenwald?*

2. Schaffen des eigenen Kunstwerkes: Das Bild wird von vorne nach hinten aufgebaut. Aus den Pflanzen- und Tierabbildungen zwei bis drei Beispiele für die erste Schicht auswählen. Auf dem schwarzen Tonpapier (DIN A5, quer) jede Pflanzenart mit Ölpastellkreiden in zumindest zwei verschiedenen Grüntönen (z. B. hell/dunkel, kühl/warm) zeichnen. Bei deckendem Auftrag mit dem Zahnstocher die Nervatur der Blätter auskratzen. Eventuell Blüten in leuchtenden Farben hinzufügen.
   Den nicht bemalten Papierteil mit der Schere so wegschneiden, dass entlang der Pflanzenumrisse ein ca. 2 mm breiter, unbemalter Rand verbleibt und damit die charakteristische Pflanzenstruktur betont wird (z. B. Gräser, Büsche).

3. Diese ausgeschnittene, vorderste „schwarze" Ebene auf das grüne Tonpapier (DIN A5, quer) auflegen. Das grüne Papier eventuell etwas nach oben verschieben, um möglichst viel vom grünen Malgrund zu nutzen (der untere Rand des grünen Papierblattes sollte allerdings hinter der vorderen Ebene versteckt bleiben).

Mit einem Bleistift die Umrisse der vordersten Ebene auf das grüne Tonpapier übertragen. Unterhalb dieses Umrisses braucht nichts gezeichnet zu werden, da dieser Teil im Endergebnis durch die vorderste Ebene verdeckt bleibt.
Oberhalb der Bleistift-Umrisslinie ähnlich wie bei der ersten Ebene vorgehen: mit Ölpastellkreiden gestalten (zeichnen, ausmalen und die Details eventuell auskratzen, dabei andere Grüntöne als zuvor aussuchen), anschließend ausschneiden. Die vorderste „schwarze" Ebene auf die „grüne" Ebene kleben.

4. Die beiden zusammengeklebten Ebenen („schwarz" und „grün") auf das weiße Zeichenpapier (DIN A4, hoch) auflegen (die unteren Ränder treffen sich).
Mit einem Bleistift vorsichtig die Umrisse der beiden zusammengeklebten Ebenen auf das weiße Zeichenpapier übertragen. Oberhalb der Umrisslinie mit Ölkreiden gestalten.
Mit Wasserfarben in schwarz, grün und/oder blau nur bestimmte Bereiche übermalen.
Alle Bildteile aufeinander auflegen (die Unterkante berücksichtigen!), die Kontraste begutachten, eventuell auch die grüne Papierschicht übermalen.
Auf dem zusätzlichen Zeichenpapierblatt (DIN A5) ein Tier oder eine Person mit Filzstiften und/oder Ölkreiden zeichnen, ausschneiden und auf die lose Komposition an einer passenden Stelle auflegen (die Form muss nicht vollständig sichtbar sein und kann sich etwas hinter den Pflanzen verstecken).
Anschließend alle Bildteile mit Klebstoff verbinden. Eventuell mit Filzstift Details einfügen bzw. ausarbeiten.

Tipps

- Das Bild erhält mehr Tiefe, wenn zwischen die „schwarze", „grüne" und „weiße" Ebene „Distanzpolster" aus Pappresten geklebt werden.
- Die Maltuschen bzw. Wasserfarben verdünnt oder mehrmals auftragen, um die Intensität der Farbe zu variieren.

MUSIKTIPP

Eric Satie:
„Gymnopedie No.1",
„Gnosienne No.1, No.3"

12 Jugendstil (Wende 19./20. Jahrhundert)

Hintergrundinformation

Über dem Portal des Wiener Sezessionsgebäudes steht es: „Der Zeit ihre Kunst – der Kunst ihre Freiheit". Der Jugendstil, unter unterschiedlichen Namen in verschiedenen Ländern bekannt (z. B. Sezession/Österreich oder Art Nouveau/Frankreich) war eine Antwort junger Künstler und Handwerker auf den Historismus (Rückwärtsbewegung) und die Industrialisierung (Vorwurf: „billige, seelenlose" Massenproduktion).

Es wurde nach Funktionalität und Zusammenführung der Kunst mit dem Handwerk und dem Alltag gestrebt. Die Idee des Gesamtkunstwerkes, in dem alle Kunstsparten vereinigt sind, war eine Idee dieser Epoche. Eine neue, nicht an historische Vorbilder angelehnte Formen- und Dekorationssprache wurde gefunden: geschwungene Linien, organische, flächige Ornamente und der Verzicht auf Symmetrie waren die Merkmale des neuen Stils. Großen Einfluss auf die Entwicklung der neuen Formsprache hatte die japanische Kunst, vor allem der Holzschnitt mit seiner klaren, zweidimensionalen (flachen) Darstellung.

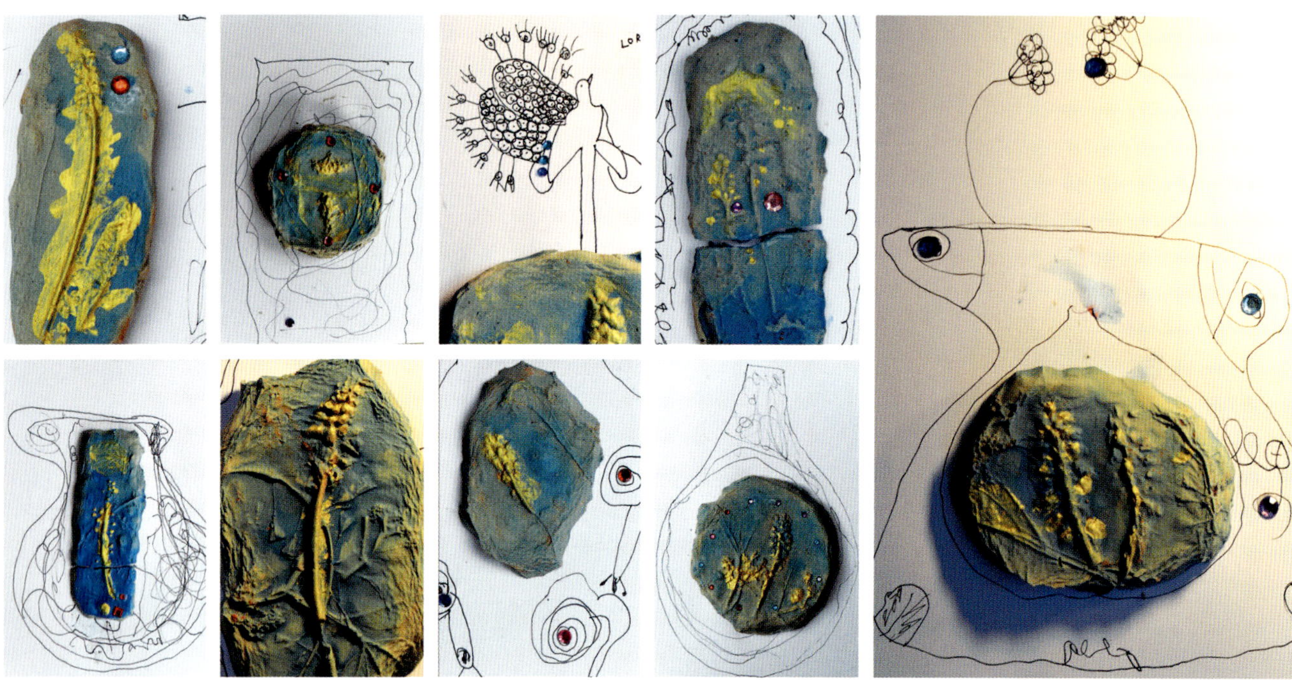

Projekt „Schmuck-Entwurf": Relief-Bild

Der Jugendstil war eine Epoche des Entwurfes. So viel lag bis jetzt brach, so viel musste man neu aus- und umdenken (und sich auf keinen Fall von historischen Mustern inspirieren lassen).
Das zweiteilige dekorative Projekt in diesem Buch besteht aus einer Zeichnung mit geschwungener Linienführung und einem Relief mit Pflanzenabdruck in Gips. Beide Teile können zusammen oder getrennt betrachtet werden. Etwas Schönes für Zuhause oder vielleicht ein Kleidungsaccessoire – das kann sich jeder Schüler selbst (und neu) überlegen!

MATERIAL

- festeres Zeichen- bzw. Kopierpapier (DIN A4 min. 120 g/m²)
- Modelliermasse auf Mineralbasis (1 kg reicht für ca. 5 Schüler) – das Material ist wiederverwendbar
- Schnellgips (Baumarkt)
- Behälter plus alte Esslöffel plus Schöpflöffel für die Gipszubereitung
- Tempera in Gold plus eventuell in Blau
- Pinsel (fein und mittlerer Größe)
- Bleistift
- schwarzer Fineliner
- frische Blumen und kleine Pflanzen mit deutlicher Nervatur
- Acryl-Schmucksteine
- Klebstoff
- eventuell Malerkrepp
- Abbildungen diverser Jugendstil-Objekte, (Schling)Pflanzen, dekorativer Vogelarten (z. B. Pfau, Schwan)
- Für die Präsentation: dreidimensionaler Bilderrahmen oder Brett

Lernziele der Schüler

- dekorative Merkmale des Jugendstils kennenlernen
- ein Schmuckobjekt entwerfen und realisieren
- eine Reliefkomposition mit Naturmaterial aufbauen
- eine geschwungene Linienführung für stilisierte Natur-Motive anwenden
- ein Werk aufwerten (goldene Farbe, Schmucksteine, komplexe Motive, fein ausgearbeitete Details)

Arbeitsablauf

1. *Vorbereitung: diverse Beispiele des Jugendstil-Kunsthandwerkes sowie der Jugendstil-Architektur anhand von Abbildungen ansehen (z. B. Schmuck, Möbel, Gewand, Einrichtungsgegenstände, Fassadenverzierungen). Motive, Material, Farben besprechen: Wie wurden Motive aus der Natur dargestellt, ist die Linienführung geschwungen oder starr? Warum wirken die Objekte kostbar?*

2. Relief: Aus der Tonmasse ein ca. handgroßes Plätzchen mit ca. 1 cm Stärke formen. Frische Pflanzen nacheinander drauflegen, vorsichtig in die Tonmasse eindrücken und entfernen (der Abdruck soll deutlich erkennbar sein).
   Den Plätzchenrand rundum ca. 2cm nach oben stülpen (eine „Wand" formen). Die somit geschaffene „Wanne" muss dicht sein. Prüfen Sie die Eckverbindungen und umwickeln Sie das Plätzchen eventuell mit Malerkrepp.
   Einen Behälter mit entsprechender Wassermenge (lt. Hersteller) füllen, den Schnellgips einstreuen und mischen. Den Gips quellen lassen und mit einem Schöpflöffel in die Tonformen gießen. Einige Minuten trocknen lassen.

3. Inzwischen nochmals Schmuckabbildungen aus dem Jugendstil ansehen und dabei Ideen für ein eigenes Objekt sammeln.

4. Den Ton-Hochrand vorsichtig aufklappen und das Gipsrelief langsam vom Tonboden lösen. Es ist noch nicht vollständig trocken (das kann noch einige Stunden dauern), aber wenn man vorsichtig damit umgeht, kann gleich zum nächsten Arbeitsschritt übergegangen werden.

5. Das Relief auf das Zeichenpapier auflegen und mit dem Bleistift den Umriss zart als Platzhalter nachzeichnen. Das Relief auf die Seite legen. Mit dem Bleistift ein eigenes Schmuck- oder Einrichtungsobjekt entwerfen, darauf achten, dass das Relief ein Teil davon wird. Tipp: Zuerst die Funktion, dann das passende Motiv (aus der Flora- oder Fauna-Welt) überlegen. Beim Zeichnen geschwungene Linien nicht vergessen!
   Ist der Entwurf zufriedenstellend, mit dem Fineliner die Bleistiftskizze nachzeichnen und die Bleistiftzeichnung anschließend ausradieren. Mit Schmucksteinen (mit der Menge nicht übertreiben) verzieren (bekleben).

6. Das Relief eventuell mit verdünnter Temperafarbe in Gold und/oder Blau vollflächig oder nur teilweise bemalen. Trocknen lassen. Auf die Zeichnung an der geplanten Stelle auflegen. Je nach Ergebnis kann entweder nur einer der beiden Teile oder auch beide zusammen präsentiert werden – dann mit z. B. Heißkleber das Relief an die Zeichnung ankleben und anschließend einrahmen.

7. Präsentieren: Das fertige Kunstwerk in einen dreidimensionalen Bilderrahmen kleben. Alternativ: An ein Brett ankleben (Zeichnung plus Relief) oder auf horizontalen Flächen (Boden, Tisch) auflegen.

Tipps

- Schwungübungen helfen bei Realisierung dieses Projektes (Schlange, Schlingpflanzen, Wellen) und lockern die Hand
- Das Projekt kann auch mit der Zeichnung begonnen werden. Das spätere Relief (Größe, Form, Lage) wird an die lineare Darstellung angepasst. Für jüngere Kinder ist allerdings der oben angeführte Ablauf leichter umzusetzen.

MUSIKTIPP

Karol Szymanowski: „Masque Op.34 (I) – Scheherazade“,
Gustav Mahler: „Symphonie Nr. 5 – Adagietto“

13 Wiener Jugendstil: Gustav Klimt (1862–1918)

Hintergrundinformation

Gustav Klimt ist der bedeutendste Vertreter des Wiener Jugendstils. Er stammte aus einer Goldgraveurfamilie und erlernte diesen Beruf, ehe er sein Kunststudium und seine Künstlerkarriere begann. Er wurde insbesondere für seine ornamentreichen, symbolhaften Frauenporträts sowie das Einbeziehen kostbarer Materialien wie Gold und Silber in die Malerei bekannt.

Einen anderen Klimt erlebt man in seinen Landschaftsbildern, die er während seiner Sommerfrischen am Attersee anfertigte. Klimt suchte seine Landschaftsmotive mit einem Fernrohr. Bei der Bildkomposition half ihm ein quadratisches Pappfenster, der „Sucher“. Die Ausschnitte der Umgebung hielt er im quadratischen, Ruhe verleihenden Format fest.

KUNST-TIPP

Gustav Klimt: „Das Bildnis Adele Bloch-Bauer“, 1907; (auch „Goldene Adele“ genannt)
Über die Maltechnik dieses Bildes gibt es folgende Information: „Öl, Silber und Gold auf Leinwand“. Es ist doch recht erstaunlich, solche kostbare Materialien in einem Gemälde zu verwenden!
Der Auftraggeber, ein wohlhabender Mann, gab das Porträt seiner Frau bei Klimt in Auftrag. Klimt fand für diese Aufgabe Inspiration in den über tausend Jahre alten Kirchenmosaiken aus Ravenna in Italien, die Heilige und Herrscher darstellten. Er übersetzte diese in eine zeitgemäße Formensprache, die auch vom japanischen Stil Ukiyo-e und dem französischen Impressionismus beeinflusst wurde. Gesicht, Schulter und Hände sind realistisch dargestellt, während das restliche Bild im Goldton flach und ornamental gehalten ist. Der Raum und dessen Ausstattung sind – wie beim Klimt üblich – nur angedeutet.

Projekt „Das goldene ICH": Selbstporträt-Collage

Wie würde Klimt mich malen? Vermutlich reich geschmückt an Mustern und kostbar wirkenden Materialien. Das Gewandstück soll aber – weit und bequem – dem Malkleid Klimts (und seine „Reformkleid"-Entwürfe) ähneln!

MATERIAL

- Schwarz-Weiß-Foto des Kindes (Profil bzw. en face), vorzugsweise mit Händen; Kopfgröße ca. 4 cm
- schwarzes Tonpapier, DIN A4, auf Quadrat-Format (21 × 21 cm) zugeschnitten
- Ölkreiden
- Ölkreide und Tempera in Gold
- Aquarellstifte
- Pinsel diverser Größe
- Blattgold (Schlagmetall)
- Zahnstocher
- Schere
- Klebstoff
- Acryl-Schmucksteine
- Bilderrahmen (quadratisch bzw. mit quadratischem Passepartout-Fenster)

Lernziele der Schüler:

- eine detailreiche Komposition aus Mustern, Linien, Farbflächen und Materialien aufbauen
- Ergänzen (ein fantasievolles, bequemes Gewandstück entwerfen und an das eigene Foto anpassen)
- mit Kontrasten arbeiten: realistisch/abstrakt, leuchtend/matt, flächig/linear
- unterschiedliche Techniken anwenden (zeichnen, malen, collagieren)
- den Farbauftrag variieren (lasierend, pastos)
- die Bedeutung des Bild-Formats verstehen

Arbeitsablauf

1. *Vorbereitung optional: Gustav Klimts Werke z. B. „Bildnis Adele Bloch Bauer I/Goldene Adele" und „Der Kuss" genauer ansehen und besprechen: auf angewendete Farben, Muster und Materialien untersuchen. Den Kontrast zwischen realistisch dargestellten Körperteilen (z. B. Gesicht, Hände) und flachem, abstrakten Hintergrund wahrnehmen.*

2. Aus dem Schwarz-Weiß-Foto den Hintergrund und die Kleidung wegschneiden und nur den Kopf mit eventuell Hals und Händen/Handgelenken behalten. Auf das schwarze Papierblatt auflegen, die passende Lage und Anordnung der Körperteile überlegen und anschließend ankleben.

3. Mit einem hellen Aquarellstift zunächst zart und frei den Umriss eines fantasievollen, bequemen, etwas übergroßen und zum Foto passenden Gewandstückes („Reformkleides") skizzieren. Mit weiteren Farbtönen der Aquarellstifte diverse Muster und Formen (Kreise, Ovale, Dreiecke, Vierecke, Spiralen etc.) im Kleidbereich aufzeichnen. In die Zwischenräume Ölkreiden-Farbtupfer kräftig auftragen und in der Ölkreidenschicht eventuell Linien bzw. Muster mit einem Zahnstocher auskratzen. Das Gewandstück mit ca. fünf Schmucksteinen ergänzen.

4. Den Hintergrund des Bildes mit Tempera und Ölkreide in Gold bemalen, dabei den schwarzen Hintergrund teilweise unbemalt lassen. Auf die noch frische Temperaschicht ein Stück Blattgold vorsichtig auflegen und mit einem sauberen, weichen Pinsel leicht andrücken.

5. Die Arbeit einrahmen.

Tipps

- Die Aquarellstift-Schicht kann auch vorsichtig mit einem feinen Pinsel und Wasser übermalt werden. Darauf können dann erneut Linien bzw. Muster eingezeichnet werden. Wenn die Oberfläche noch feucht ist, gleitet der Stift besonders leicht und der Farbauftrag ist kräftig.
- Aquarellstifte können durch andere (weiche und farbintensive) Buntstifte ersetzt werden. Vor dem Workshopbeginn unbedingt auf dem schwarzen Tonpapier die Wirkung ausprobieren!
- Anstelle von Blattgold können auch z. B. alte, goldene Bonbon-Verpackungen verwendet werden. Allerdings lohnt sich die Anschaffung des Blattgoldes wirklich für dieses Projekt – es ist für Kinder etwas Besonderes und wertet den Abschluss der Arbeit zusätzlich auf.
- Die Wahl des Bildformates hat nicht nur Einfluss auf die Komposition, sondern auch auf die Wahrnehmung: Ein rechteckiges Format wirkt dynamisch (der Blick des Betrachters wird horizontal oder vertikal gelenkt), quadratische Formate wirken statisch, neutral, harmonisch und beruhigend.
  Anstatt den Malgrund vor dem Gestalten zuzuschneiden, kann die fertige Arbeit (im DIN-Format) mit seitlich aufgelegten Papierstreifen verblendet werden, um den optimalen Ausschnitt zu finden. Erst danach zuschneiden oder ein Passepartout mit der ermittelten Fenstergröße aufbringen.

MUSIKTIPP

Gustav Mahler:
„Symphonie Nr. 1, Satz 3–4“,
„Symphonie Nr. 4“

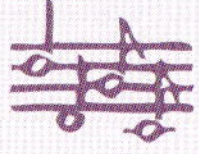

14 Expressionismus: Franz Marc (1880–1916)

Hintergrundinformation

Franz Marc war einer der bedeutendsten deutschen expressionistischen Maler und Zeichner. Seine Bilder stellen meist Tiere dar, da er diese schöner, unschuldiger und naturverbundener als Menschen fand. Die in seinen Werken verwendeten Farben drücken bestimmte Gefühle und Eigenschaften aus, z. B. Blau (herb/geistig), Gelb (heiter/sanft), Rot (schwer/brutal). Die anfänglich in seinen Bildern präsente Lebensfreude der Tiere (z. B. „Das blaue Pferd", „Die gelbe Kuh") verwandelte sich zunehmend in abstrakte, zerbrochene Darstellungen (z. B. „Tierschicksale").

KUNST-TIPP

Franz Marc: „Die gelbe Kuh" (1911)
Gelbe Kühe gibt es nicht in Wirklichkeit – aber im Expressionismus geht es auch nicht um eine naturgetreue Darstellung. Die Farbwahl, die Formen und die Komposition betonen vielmehr die Gefühlslage, nicht aber wie bisher üblich eines Menschen, sondern (in diesem Fall) einer freilaufenden Kuh. Trotz der erheblichen Masse scheint das Tier durchzuspringen. Den Kopf neigt es genussvoll nach oben. Diese dynamische Darstellung steht im Kontrast zur ruhigen Naturumgebung, mit der die Kuh verbunden ist und in der sie sich glücklich fühlt.

Projekt „Tier-Maske": Pappmaché-Objekt

Franz Marc malte die Welt aus der Sicht der Tiere. Diese Tiermaske hilft, uns in unser jeweiliges Lieblingstier einzufühlen. Die Farbauswahl ist, wie bei den Expressionisten, fern einer naturalistischen Darstellung, dafür aber drückt sie bestimmte, uns wichtige Gefühle aus. Etwas Geduld verlangt dieses farben- und formenfrohe Projekt auf jeden Fall!

ZEITBEDARF

3–4 Unterrichtsstunden plus Trocknungszeit

MATERIAL

- Zeitungspapier
- (Tapeten-)Kleister
- Joghurtbecher, Pappreste
- eventuell Klopapier bzw. Küchenrolle
- Malerkrepp
- Luftballon
- Keramikschale, ca. 20 cm Durchmesser (Müslischale)

- großer Flachpinsel plus Pinsel diverser Größe
- Acrylfarben in drei Grundfarben plus Weiß plus Schwarz
- Firnis (Klarlack)
- Schere, Cutter (Verwendung nur durch die Lehrkraft)
- Abbildungen der Lieblingstiere (Köpfe) als Vorlage

Lernziele der Schüler

- die expressionistische Bildsprache Franz Marcs (Tierdarstellung) kennenlernen
- eine expressionistische Tiermaske gestalten
- Gefühle in Farbensprache übersetzen
- Tiereigenschaften mit der Farb- und Formenwahl wiedergeben
- Grundfarben und ihre Mischungen anwenden
- Pappmachétechnik kennenlernen
- Abfallmaterial verwenden
- in mehreren Abschnitten geduldig arbeiten

Arbeitsablauf

1. *Vorbereitung optional: Diverse expressionistische Tiermotive von Franz Marc ansehen, die Titel erraten und mit Fotos der dargestellten Tiere vergleichen.*
   Welche Eigenschaften der Tiere wurden durch die Farbauswahl in Marcs Bildern betont? Die Entwicklung der Tierdarstellung chronologisch vorstellen, z. B. das Pferd-Motiv („Blaues Pferd" 1911, „Rotes und blaues Pferd" 1912, „Turm der blauen Pferde", 1913).
   Was unterscheidet die Bilder? Welche Tiere wirken ruhiger, fröhlicher? Was wissen wir über Pferde?
   Was ist dein Lieblingstier und warum? Was ist besonders an diesem Tier (Aussehen, Wesen)?
   Welche Wandfarben soll ein Schlafzimmer, welche ein Spielzimmer haben und warum?
   Wie ist es bei dir zu Hause?

2. Den Kleister laut Herstelleranleitung anrühren und beiseite stellen. Porträt (Fotokopie) des Lieblingstieres oder ein Plüsch-Kuscheltier am Arbeitsplatz auflegen, genauer ansehen und die wesentlichen Eigenschaften (Form, Proportion) erkennen. Den Luftballon aufblasen und mittels Malerkrepp am Rand der Keramikschale befestigen.

Die „Unterkonstruktionen“ für z.B. Rüssel, Ohren etc. mit bereitgestelltem Abfallmaterial und Malerkrepp an dem Luftballon anbringen: z.B. Joghurtbecher als Schweinerüssel, zerknülltes bzw. gefaltetes Zeitungspapier für Schnauzen, Wangen, Schnäbel, Hörner, Ohren oder geschnittene Pappreste für Ohren, Kämme, Zähne.

3. Zeitungspapier in ca. 2–4 cm breite Streifen reißen. Den Luftballon samt „Unterkonstruktionen“ mit einem großen Flachpinsel und Kleister schrittweise bestreichen. Die Zeitungspapierstreifen überlappend auflegen, mit einem Pinsel und leichtem Druck drüberstreichen. Mindestens drei Papierschichten aufbringen und dabei immer auf die Überlappung und auf ausreichenden Kleister achten. Dabei sollen keine leere Zwischenräume bzw. abstehende Streifen entstehen. Als oberste Schicht Klopapier verwenden. Je mehr Schichten, desto stabiler die Maske! Je nach Schichtanzahl, Kleistermenge und Raumtemperatur mindestens einen Tag trocknen lassen.

4. Das getrocknete Objekt mittels Cutter (Verwendung nur durch die Lehrkraft) entlang des Keramikschalenrandes einschneiden (die Schalen danach einweichen und waschen) und den Luftballon entfernen. Die Maske am eigenen Kopf anprobieren und eventuell mit einer Schere Engstellen wegschneiden. Das Pappmaché-Objekt mit einem großen Flachpinsel und weißer Farbe grundieren. Trocknen lassen.

5. Mit einem großen Flachpinsel und den drei Grundfarben sowie ihren Mischungen den Kopf bemalen. Mit Weiß aufhellen, mit Schwarz trüben. Die Farbauswahl soll dabei nicht der Wirklichkeit, sondern dem eigenen Empfinden entsprechen (z.B. ein gefährliches Tier/ein sanftes Tier). Mit Pinseln diverser Größe Details hinzufügen. Trocknen lassen.

6. Mit der Schere Öffnungen für die Augen ausschneiden. Anschließend die Maske mit Firnis oder Klarlack lackieren.

Tipps

- Zeitungspapier hat glatte und gewellte Ränder. Reißt man das Papier am gewellten Rand an, entstehen ohne Mühe fast gerade Streifen!
- Das Herstellen der benötigten großen Menge an Zeitungspapierstreifen kann man als „Saustall-Futterspiel“ kurzweiliger gestalten: Dabei wird in der Raummitte ein „Futter-Haufen“ für die hungrigen Tiere zubereitet (d.h. Zeitungspapierstreifen werden abgerissen und in der Raummitte gesammelt). Dadurch entsteht spielerisch ein ausreichender Vorrat für das Pappmaché-Objekt.
- Der Rand der Maske kann vor dem Bemalen mittels Klebeband bzw. Malerkrepp zusätzlich verstärkt werden.
- Das Grundieren der Masken mit Weiß kann ausgelassen werden, allerdings wirkt die Bemalung dann düsterer, da die Druckschrift des Zeitungspapiers durch die Farbschicht schimmert.
- Eine Firnis- bzw. Klarlackschicht schützt die bemalte Oberfläche und die Farben wirken dadurch intensiver.

MUSIKTIPP

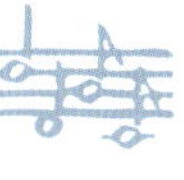

Camille Saint-Saëns: „Der Karneval der Tiere“, Sergej Prokofjew: „Peter und der Wolf“, Igor Strawinsky: „Der Feuervogel“, Modest Musorgski: „Ballett der unausgeschlüpften Küken“

15 Expressionismus: Alexej von Jawlensky (1864–1941)

Hintergrundinformation

Die Expressionisten sahen die Welt mit dem „inneren" Auge. Der persönliche Ausdruck (lat. expressio) ihrer Gefühle in kräftigen, oft ungemischten Farben und eine vereinfachte Darstellung waren ihr Erkennungszeichen. Sie thematisierten nicht die reale, wirkliche, sondern die gefühlte Welt.
Einer der Vertreter dieser Stilrichtung, der russische Maler Alexej von Jawlensky, gehörte zur Künstlergruppe „Der Blaue Reiter" um Wassily Kandinsky. Von Jawlenskys Malstil erkennt man an starken Konturen und leuchtenden Farben. Vorwiegend malte er Porträts – zuerst detailgetreu, zunehmend aber auf wenige Linien und freie Farblichkeit reduziert.

KUNST-TIPP

Alexej von Jawlensky: „Asiatin" (1912)
Für den Maler wichtige Details wurden in diesem Bild durch eine unnatürliche Größe (z. B. Augen) oder Proportionen (z. B. Hals) betont, die weniger bedeutenden vereinfacht dargestellt (z. B. Schulter). Mit einer entsprechenden Farbwahl gab von Jawlensky Licht (z. B. mit Gelb und wärmeren Tönen) bzw. Schatten (z. B. mit Grün und kühleren Tönen) wieder. Die Raumtiefe hat von Jawlensky durch den blauen, kühlen Hintergrund erzielt (unser menschliches Auge nimmt zuerst warme, helle Töne wahr, in Kombination mit kühleren und dunkleren Tönen wird die Tiefenwirkung des Bildes gesteigert).

Projekt „Selbstporträt": Übermalung

Die kräftige, farbintensive Darstellung des Gesichtes entsteht am besten zur passenden, energiegeladenen Musik (siehe Musiktipp), die starke Gefühle hervorruft!
Die Arbeit sollte unbedingt rasch ausgeführt werden, bevor sich die Gefühlslage der jungen Künstler eventuell wieder ändert ...

ZEITBEDARF

1 Unterrichtsstunde

MATERIAL

- Kinderporträt als schwarz-weiße A4-Fotokopie (möglichst hell kopiert) auf Papier mit mind. 120 g/m²
- Ölpastellkreiden, eventuell Wachskreiden
- Maltuschen (wasserfeste Tinte) in diversen Farben
- Flachpinsel diverser Größen

Lernziele der Schüler

- die expressionistische Bildsprache in der Menschendarstellung kennenlernen
- ein vereinfachtes, farbintensives Selbstporträt gestalten
- eigene Gefühle mit passenden Farben und in hohem Arbeitstempo wiedergeben
- warme und kühle Farbtöne kombinieren und ihre Tiefenwirkung ausloten
- hydrophobe Eigenschaften der Öl-/Wachskreide anwenden
- im Einklang mit Musikstimmungen arbeiten

Arbeitsablauf

1. *Vorbereitung optional: Diverse expressionistische Porträts Alexej von Jawlenskys ansehen (z. B. „Asiatin" 1912, „Pfingstrosen" 1909) und auf verwendete Farben und Kontraste untersuchen.*
   Ist die Farbgebung realitätsnah? Welche Stimmung und welche Gefühle kann man in den Bildern erraten? Welche Farben hätte der Maler wählen sollen, um eine gegensätzliche Stimmung zu erzielen?
   Anschließend sollte der Lehrer die aktuelle „Gefühlslage" der Schüler erfragen. Die Schüler hören dann mit geschlossenen Augen den Musiktipp an, rufen die „gesehenen" Farben aus und bewegen sich zum Rhythmus. Die Gefühle sollen dabei (wenn auch nur im Sitzen) zum Ausdruck gebracht werden.

2. Das hellgraue, fotokopierte Porträt des Kindes auf der Arbeitsfläche platzieren.
   Welche Gefühle kann man aus einem solchen blassen Bild ablesen? Das Musikstück nochmals anhören und Handbewegung, Tempo und Kraft an den Musikrhythmus anpassen: Zuerst mit dunkler (am besten schwarzer) Kreide die Gesichts- und Schulterumrisse nachzeichnen. Danach kräftig die Farbflächen für die Körperteile auftragen. Dabei entweder vollflächig oder schraffierend die Flächen ausarbeiten. Das Kunstwerk zügig gestalten!

3. Mit Maltuschen die Ölkreidezeichnung rasch übermalen, eventuell auf einige Stellen die Tuscheschicht zwecks Intensivierung erneut auftragen. Die Ölkreidepartien stoßen die Maltusche ab (die Farbe perlt ab), die unbearbeiteten Bereiche nehmen wiederum die Farbe auf. So erzielt man interessante Farbkombinationen mit der Ölpastellschraffur.

Tipps

- Beim Fotokopieren des Schülerporträts die höchste Helligkeitsstufe wählen. Das Gesicht soll gerade noch erkennbar sein - dadurch sind die Kinder beim Übermalen weniger gehemmt (die Kontraste zwischen hellen und dunklen Partien wirken „entmaterialisiert“ und dienen lediglich als Orientierungshilfe, nicht als starres Ausmalfeld).
- Das Kopierpapier sollte möglichst stark sein, um dem kräftigen Farbauftrag standzuhalten.
- Anstelle von Maltuschen können auch Aquarellfarben verwendet werden, allerdings ist ihre Farbintensität vergleichsweise gering.
- Ölpastellkreiden sind geschmeidiger, weicher, farbintensiver und ermüden die kindliche Hand weniger als Wachskreiden!

MUSIKTIPP

Sergej Prokofjew: „Tanz der Ritter“ (aus dem Ballett „Romeo und Julia“),
Pink Floyd: „Another Brick in the Wall“,
Blur: „Song 2“

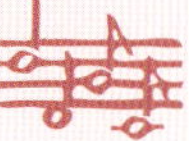

16 Abstrakter Expressionismus: Wassily Kandinsky (1866–1944)

Hintergrundinformation

Das Kunstinteresse führte den russischen Rechtswissenschaftler Wassily Kandinsky zu einer Monet-Ausstellung, wo er das Bild „Der Heuhaufen“ sah. Auch wenn auf den ersten Blick nicht klar war, was hier abgebildet wurde, veränderte gerade dieses beeindruckende Werk das Leben Kandinskys für immer! Er beschloss, selbst Maler zu werden, verließ seine Heimat, studierte Malerei, schrieb, forschte, unterrichtete und vernetzte sich mit anderen Künstlern in der Gruppe „Blauer Reiter“, die dem Expressionismus zugeordnet wird. Treffpunkt der Künstler war u.a. das „Russenhaus“ in Murnau (Bayern). Die für die Gegend typische volkstümliche Hinterglasmalerei war eine der vielen Inspirationen für den Maler, der zahlreiche Werke in dieser Technik anfertigte. Das Bild wird dabei auf der Rückseite der Glasplatte gemalt und von der Vorderseite betrachtet. Die Farben wirken intensiv und sind mit dem dauerhaften Glanz der Glasplatte versehen.
Wassily Kandinsky gehörte zu den Künstlern, die den Weg zur abstrakten, vom Gegenständlichen losgelassenen Malerei vorbereiteten. Seine revolutionären Kompositionen bestanden aus Formen und Farben, die für ihn eine bestimmte Bedeutung hatten.

KUNST-TIPP

Wassily Kandinsky: „Farbstudie, Quadrate mit konzentrischen Ringen“ (1913)
In dieser kleinen Studie aus konzentrischen Kreisen untersuchte Kandinsky, wie unterschiedliche Farben, ihre Mischungen und Abstufungen zusammen wirken und wie das menschliche Auge sie wahrnimmt. Für Kandinsky gab jede Farbe unterschiedliche Gefühle wieder, was er auch sehr poetisch beschrieb. Über die Farbe Blau meinte er, dass, je tiefer das Blau wird, desto mehr rufe es den Menschen in das Unendliche. Das Blau wecke in dem Menschen die Sehnsucht nach Reinem und schließlich Übersinnlichem, denn Blau sei die Farbe des Himmels.

Projekt „CD-Cover“: Hinterglasmalerei-Farbstudie

Diese CD-Hülle mit konzentrischen Kreisen wie aus Kandinskys berühmter Farbstudie ist eine farbenfrohe Verpackung für digitale Erinnerungen (z. B. Schul- oder Sommerferienfotos).

ZEITBEDARF

1 Unterrichtsstunde

MATERIAL

- 1 CD-Hülle aus Kunststoff mit transparenter Klappe pro Schüler
- schwarz-weißes Papierschild (1 × 11,5 cm) laut Vorlage für Namen/CD-Titel
- Acrylfarben in drei Grundtönen plus Weiß plus Schwarz
- Pinsel diverser Größe
- Schere
- schwarzer Fineliner
- transparenter Klebstoff
- eventuell Firnis

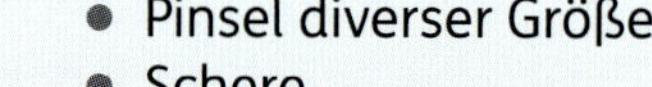

Lernziele der Schüler

- abstrakte Bildsprache kennenlernen (Freude an Farben und Formen entdecken, gegenständliche Darstellung loslassen)
- Hinterglasmalerei-Technik kennenlernen und anwenden
- Farbenlehre umsetzen (primäre, sekundäre und komplementäre Farben kennenlernen, warme und kalte Farbtöne erkennen, aus Grundfarben eigene Farbkombinationen mischen, die Wirkung der benachbarten Farben in den Arbeiten erfahren und auf die Kontraste sowie Intensität vergleichen)
- eigene Studie auch als Teil der Gruppenarbeit sehen
- einem praktischen und anonymen Gegenstand eine individuelle Note geben

Arbeitsablauf

1. *Vorbereitung optional: Monets Bild „Der Heuhaufen“ ohne Titelangabe ansehen – die Schüler sollen versuchen, den Titel zu erraten.*
   Anschließend Wassily Kandinskys „Farbstudie Quadrate mit konzentrischen Ringen“ (1913) ansehen und das Thema Formen und Farben kurz besprechen.
   Die Farbenlehre anhand des Farbkreises erklären und idealerweise mit Farbmischproben erfahren.
   Nochmals das Werk Kandinskys ansehen und in den ausgewählten quadratischen Feldern nach Grund- und Sekundärfarben suchen. In welchem Quadrat leuchten die Farben am meisten? Wo liegen diese Farben im Farbkreis?
   Anschließend die Technik der Hinterglasmalerei (z. B. in der Volkskunst und bei Kandinsky) erläutern.

2. Das Bemalen der CD-Klappe erfolgt auf deren Innenseite: In die Mitte des quadratischen Feldes einen Punkt in beliebiger (Grund- oder Sekundär-)Farbe malen. Konzentrische Ringe in anderen Farben bzw. Farbmischungen um den Punkt herum malen. Die Restbereiche des quadratischen Feldes ebenso ausmalen. Die CD-Hülle erst nach dem vollständigen Trocknen zuklappen.

3. Das Papierschild ausschneiden, mit schwarzem Fineliner den eigenen Namen sowie den Inhalt der CD eintragen. Mit transparentem Klebstoff das seitliche, schmale Feld auf der Innenseite der CD-Hülle benetzen, das Schild mit der beschrifteten Oberfläche (zum Cover hin) auflegen und andrücken.

4. Auf die getrocknete Ringfläche eventuell eine Firnisschicht als Schutz auftragen und trocknen lassen.

5. Alle CD-Hüllen mit CD-Datenträgern befüllen, zuklappen und als Gruppen-Farbstudie z. B. auf einem niedrigen Tisch oder auf einem flachen, großen Karton präsentieren.

Tipps

- Beim Bemalen der Kunststoffoberfläche kann stellenweise die Farbe abperlen. Um dies zu vermeiden, vor dem Malen die transparente CD-Hüllenseite mit Fensterputzmittel besprühen und trockenwischen. Man kann das Abperlen aber auch als gestalterisches Mittel nutzen und entweder die leeren Stellen belassen oder nach dem Austrocknen der Malschicht ein buntes Stück Papier hinterlegen.
- Der theoretische Teil kann mit dem Erproben von Farbmischungen auf dem Kunststoff-Cover verflochten werden (mit dem Auftrag der Primärfarben als Ringe beginnen).

MUSIKTIPP

Paul Hindemith: „Kleine Musik für Bläser Quintett Op. 24/2“, Francis Poulenc: „Sextett für Klavier und Bläser Quintett Op. 100“

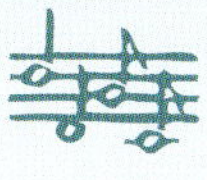

17 Kubismus: Pablo Picasso (1881–1973)

Hintergrundinformation

Bis zum Anfang des 20. Jahrhunderts waren dreidimensionale Objekte nur aus einer Perspektive gemalt. In der damals neuen Stilrichtung des Kubismus konnte ein Objekt nun auch gleichzeitig aus verschiedenen Blickwinkeln gesehen werden.
Der Name dieses Stils (abgeleitet vom lateinischen Wort „cubus“ = Würfel) bedeutete Reduzierung eines Objektes auf geometrische Formen wie Kugeln, Kegel oder Pyramiden. Der spanische Künstler Pablo Picasso, einer der Begründer des Kubismus, experimentierte sein ganzes Leben lang mit verschiedenen Techniken und Stilrichtungen. Insbesondere Papier collé (die Frühform der Collage), auch Klebebild genannt, prägte die neue Kunst, vor allem den späten, sogenannten synthetischen Kubismus. In ihm wird ein Objekt aus einzelnen Teilen zusammengesetzt. Was bisher in einem Bild mit Farbe imitiert wurde (z. B. Holz oder Papier), fügte man in dieser neuen Technik direkt ins Bild ein und kombinierte es mit grafischen Mitteln.

KUNST-TIPP

Pablo Picasso: „Drei Musikanten“ (1921)
Dieses Werk Picassos gilt als Höhepunkt des synthetischen Kubismus. Das Bild erinnert an eine Collage aus buntem Papier, in Wirklichkeit aber ist es ein Ölgemälde mit lebensgroßen Musikern.
Die dargestellten Figuren wirken flach und eckig. Die unterschiedlichen Blickwinkel und Schatten fließen ineinander, manche Bildteile sind schwer zu erkennen oder zuzuordnen. Eines steht aber fest: Picasso malte hier sich selbst mit seinen zwei Künstlerfreunden.

Projekt „Musikanten": Collage-Figur/Stop-Motion-Film

Zerlegen und zusammenlegen – Picasso liebte Experimente! Und wir auch: Mit den bunten, beweglichen Collage-Musikanten kann man nicht nur spielen und verschiedene Ensembles bilden, sondern auch einen einfachen Stop-Motion-Film drehen.

ZEITBEDARF

1 Unterrichtsstunde für die Collagefigur plus eventuell 1 Unterrichtsstunde für den Film plus Computerbearbeitung (durch die Lehrkraft)

MATERIAL

- Pappflächen, Wellpappe (1-wellig)
- Tonpapierreste
- Zeitschriften
- Musterklammern (ca. 4–6 Stk./Schüler)
- Lochzange oder spitzes Werkzeug
- Schere
- Bleistift
- schwarzer Filzstift bzw. Fineliner
- Klebstoff
- Abbildungen von Musikern mit verschiedenen Instrumenten als Vorlage
- Präsentation: Tonpapier (DIN A4) in einer kräftigen Farbe, Bilderrahmen A4
- Film: Papier, Papierreste, eventuell kleine Magnete plus Heißkleber (Nutzung nur durch die Lehrkraft), Magnettafel, Fotokamera, Stativ, Computer-Software (Standard-Programm)

Lernziele der Schüler

- kubistische Bildsprache von Pablo Picasso kennenlernen
- kubistische Werke von früheren Malstilen unterscheiden
- eine humorvolle Musikerfigur aus einfachen Formen zusammensetzen
- charakteristische Eigenschaften eines Instrumentes vereinfacht und gleichzeitig erkennbar darstellen
- die Collage-Technik kennenlernen und anwenden
- eine bewegliche Pappfigur realisieren
- Grundlagen der Stop-Motion-Technik kennenlernen und in der Gruppe umsetzen
- mit Abfall- und Restmaterial gestalten

Arbeitsablauf

1. *Vorbereitung optional: diverse Arbeiten von Pablo Picasso chronologisch ansehen und die wichtigsten Schaffensperioden kurz erläutern. Eventuell nur ein Motiv aussuchen und chronologisch vorstellen (z. B. Gitarrenmotiv/die blaue Periode: „Der alte Gitarrenspieler" 1903, „Gitarre-Pappmodel" 1912, diverse Gitarrencollagen ca. 1912–13, „Die drei Musikanten" 1921).*
   Das Bild „Die drei Musikanten" genauer ansehen und besprechen (Thema, Formen, Farben): Welche Personen/Tiere sind hier dargestellt? Was machen sie? Welche Instrumente spielen sie? Welche Bildbereiche sind schwer erkennbar?
   Welches Instrument spielst du bzw. möchtest du spielen? Was ist besonders an diesem Instrument? Kannst du es vereinfacht aufzeichnen?

2. Collagefigur: Eine Abbildung eines Musikers (mit dem Instrument) als Inspiration am Arbeitsplatz betrachten. Aus der Pappe einfache Formen für die Körperteile eines Musikers ausschneiden (Kopf, Rumpf, Hände, Beine); diese eventuell mit Bleistift vorskizzieren.
   Den Beckenbereich kann man dabei mit den Beinen zusammenlegen, den Rumpf mit den Händen, die Hände mit dem Instrument.

Die Schüler sollten darauf achten, welches Instrument gespielt wird, damit die richtige Handstellung gewährt ist (z. B. bewegliche oder starre Handgelenke vorsehen).
Die ausgeschnittenen Formen am Arbeitsplatz auflegen, nach und nach die Körperteile ergänzen, bis die Musikerfigur und das zugehörige Instrument vollständig sind. Die zusammengehörenden Teile überlappend aufeinanderlegen und mit einer Lochzange oder einem spitzen Werkzeug vorbohren. Mit bunten Papierresten und Ausschnitten aus einer Zeitschrift (z. B. für Gesichtsteile) die Pappteile bekleben. Mit Musterklammern die Teile verbinden. Mit einem Filzstift eventuell einfache Details ergänzen.

3. Spielen: Auf die Rückseite der Pappfigur eventuell einen Magnet aufkleben. Die Musikerfiguren auf einer Magnettafel (oder z. B. auf einem flachen Heizkörper) befestigen und die Figurenteile bewegen.

4. Film: Eventuell die Bewegung der Musiker in einem Stop-Motion-Film festhalten. Hierfür mit einem Fotoapparat und Stativ von einem unveränderten Standort viele einzelne Bewegungsstadien fotografieren. Die Anzahl an Fotos pro Sekunde am besten an den Rhythmus des für den Stop-Motion-Film ausgewählten Musikstückes anpassen. Nicht immer ist eine fließende Bewegung (d. h. eine große Menge Fotos) gefragt – bei moderner Tanzmusik mit Schlagzeug ist z. B. ein Foto pro Schlag ausreichend. Dazu kann die Lehrkraft später am Computer die Fotos der besten Bewegungsstadien kopieren bzw. in umgekehrter Reihenfolge einfügen / abspielen sowie die Dauer der einzelnen Bildsequenzen korrigieren.

5. Präsentieren: Die Figuren einrahmen. Dabei einen kontrastierenden, kräftigen Hintergrund aus Tonpapier hinterlegen.

Tipps

- Beim Bekleben der Pappteile sind Humor, Mut und vereinfachte Darstellungen gefragt!
- Die Figuren können als farb- und formenfrohe Magnete für eigenen Arbeitsplatz dienen.
- Die einzelnen Musiker-Figuren können am Boden ausgelegt als großes Klassenorchester präsentiert/fotografiert werden. Als Hintergrund eignet sich z. B. eine alte Tapete und/oder diverse Notenblätter oder Zeitschriftenseiten. Die Lage der einzelnen Elemente für jedes Foto variieren.

MUSIKTIPP

Louis Armstrong: „Tiger Rag“, „When the Saints go Marchin’ in“, Pharell Williams: „Happy“

18 Paul Klee (1879–1940), Teil 1

Hintergrundinformation

Paul Klees Malstil lässt sich schwer nur einer Stilrichtung zuordnen. Musikalische Erfahrungen, mathematische Präzision, Erinnerungen, Fantasie und Humor sind in jedem seiner Werke zu finden.
Seine Sichtweise, das Empfinden des Lichtes und der Farbe verdankte er u.a. seinen Reisen nach Tunesien und Ägypten. Klee gestaltete seine Motive aus einfachen geometrischen Formen in einem bestimmten Farbrhythmus. Inspirierend waren für ihn die Kunst von Kindern und von verschiedenen Naturvölkern.

KUNST-TIPP

Paul Klee: „Burg und Sonne“ (1928)
Die auf dem Bild gezeigte (mittelalterliche) Stadt wurde von Paul Klee präzise aus geometrischen Formen wie aus Bausteinen gebaut. Die vorwiegend warme Farbgebung betont die erwärmende Kraft der Sonne und ihre Bedeutung für die Farbintensität.

Projekt „Aus eins mach drei! Teil 1 – Meine bunte Stadt": Krepppapiermalerei

Angelehnt an die Werke von Paul Klee, wird diese Stadt aus etwas anderen Bausteinen gebaut bzw. auf eine andere Weise gemalt: Die mit Wasser benetzten, bunten, geometrischen Papierformen geben an den Malgrund die Farbe ab. Die Bild-Hälfte mit besonders deutlichen Formen behalten wir als Stadtbild. Aus der zweiten Hälfte werden noch weitere Kunstwerke entstehen (siehe die beiden folgenden Kapitel).

ZEITBEDARF

1 Unterrichtsstunde

MATERIAL

- Malpapier (DIN A3)
- Krepp-/Seidenpapier/Faltblätter in diversen Farben
- Schere
- flacher Pinsel mittlerer Größe
- Wasserbehälter
- eventuell Zahnstocher

Lernziele der Schüler

- Bildsprache von Paul Klee kennenlernen
- aus einfachen geometrischen Formen eine Stadt-Komposition aufbauen
- mit warmen und kalten Farben eine Stimmung erzielen
- Intensität von Farbe erfahren (mehrfaches Abdrucken der gleichen Form)
- unkonventionell denken, bauen und malen
- ein eigenes Werk kritisch betrachten und zum Weiterentwickeln vorsehen (A3-Bild teilen)

Arbeitsablauf

1. *Vorbereitung optional: diverse Werke von Paul Klee zum Thema Stadt ansehen (z. B. „Burg und Sonne", „Die rote Brücke") und die verwendeten Formen und Farben analysieren. Klees Reisen nach Tunesien (1914) und Ägypten (1928/29) anhand seiner Werke (z. B. „Zwei Dromedare und ein Esel") besprechen und mit Fotos nordafrikanischer Oasenstädte vergleichen: Aus welchen Formen wurden hier die Häuser gebaut? Mit welchen geometrischen Formen (und Farben) malte Paul Klee die Städte?*

2. Aus buntem Krepp- oder Seidenpapier und/oder Faltblättern diverse geometrische Formen ausschneiden (drei sind am Anfang ausreichend).

3. Die ausgeschnittenen Formen auf das Malpapier (A3) auflegen. Mit dem Pinsel nur die Formen mit Wasser benetzen und kurz warten. Anschließend die Formen vorsichtig mit dem Zahnstocher von der Malgrundoberfläche abheben. Die Form auf eine andere Stelle legen, erneut mit Wasser benetzen und abheben. Den Vorgang so oft wiederholen, bis keine Farbe mehr von der

bunten Papierform abgegeben wird. Auf diese Weise zunehmend eine Stadt-Komposition aufbauen.

4. Mit den weiteren Formen genauso vorgehen, eventuell zusätzliche Formen/Farben dazu schneiden oder in der Gruppe untereinander tauschen.

5. Präsentation: Die Hälfte der A3-Arbeit mit der deutlichsten Haus- bzw. Stadtstruktur auswählen und abschneiden. Aus allen A4-Stadtbildern eine große Stadt auf der Wand aufbauen (jetzt ist jeder Malgrund-Rechteck ein Baustein für sich).

6. Die zweite A4-Hälfte (sowie eventuell die bereits etwas abgefärbten Seidenpapierformen) für die folgenden beiden Paul-Klee-Projekte behalten.

Tipps

- Nicht alle Seiden- bzw. Krepppapiere und Faltblätter geben ihre Farbe ab – daher immer mit einem kleinen Wassertropfen am Papierrand testen, ob auf der feuchten Stelle ein Wasserfleck entsteht (d. h. die Farbe verblasst).
- Wenn die bunten Papierformen überlappend oder eng nebeneinander abgedruckt werden bzw. die Formen noch nass sind, kann es zu den Farbverläufen kommen. Diese können zwar sehr malerisch wirken, aber dadurch werden die geometrischen Formen meistens nicht deutlich. Für die Klarheit der Komposition ist es empfehlenswert, immer etwas Abstand zwischen den einzelnen Formen zu halten bzw. erst neben dem bereits getrockneten Abdruck neue Formen zu platzieren.

MUSIKTIPP

Edvard Grieg: „Anitras Tanz“, Anouar Brahem: „Le Voyage de Sahar“

19 Paul Klee (1879–1940), Teil 2

Hintergrundinformation

„Ich und die Farbe sind eins. Ich bin Maler“, schrieb Paul Klee in seinem Tagebuch während seiner Tunesienreise. Das intensive Licht und die Farben des Südens hielt er in mehreren Aquarellen fest. Erfahrungen dieser und auch der nächsten Reise nach Nordafrika prägten seine Kunst und waren als immer wiederkehrende Motive zu sehen (z. B. „Der Niesen – Ägyptische Nacht“, 1915). Neben der künstlerischen Laufbahn unterrichtete Paul Klee auch an Kunstschulen wie z. B. am Weimarer Bauhaus, das Kunst und Handwerk zusammenführte.

KUNST-TIPP

Paul Klee: „Senecio“ (1922)
Das humorvolle, in warmen Tönen gemalte Öl-Porträt „Senecio“ stellt einen alten Artisten dar. Das runde, an afrikanische Masken erinnernde Gesicht ist in rechteckige Flächen unterteilt. Mit der Lage eines Auges und der Augenbrauen hat Paul Klee eine lustige Grimasse erschaffen. Das Spiel zwischen Linien, Farbflächen und Form ist auch als Spiel zwischen Kunst, Illusion und Theaterspielen zu sehen.

Projekt „Aus eins mach drei! Teil 2 – Laterne“: Bild-Objekt

Eine Laterne ist ein farbenfroher Begleiter beim Geschichtenvorlesen oder bei Traumreisen. Die fantasievolle Kunst Paul Klees liefert für die Motivwahl eine umfangreiche Inspiration. Wir haben uns hier für eine Eulen-Laterne entschieden, aber auch andere Tiere oder Wesen lassen sich leicht zu einem stimmungsvollen Lichtobjekt verwandeln.

MATERIAL

- DIN-A4-Arbeit aus dem vorherigen Projekt Nr. 18
- Schablone „Eule“
- Transparent- oder Backpapier
- Schere und eventuell Cutter (Verwendung des Cutters nur durch die Lehrkraft)
- Bleistift
- Klebstoff
- Hefter bzw. doppelseitiges Klebeband bzw. Heißkleber (Verwendung des Heißklebers nur durch die Lehrkraft)
- LED-Teelicht oder Teelicht plus leeres Konfitüre-Glas

Lernziele der Schüler

- fantasie- und humorvolle Bildmotive von Paul Klee kennenlernen
- charakteristische Merkmale eines Wesens einfach und erkennbar darstellen
- Bedeutung des Spieles zwischen Farbe, Form und Linie erfahren
- Wirkung des Lichtes auf die Farbintensität erproben
- Augenmaß üben
- ein praktisches Kunst-Objekt gestalten (wie Bauhaus-Künstler)
- ein Werk aus der vorhandenen Arbeit weiterentwickeln
- mit Abfällen bewusst und kreativ umgehen (Papierreste für das nächste Projekt aufbewahren)

Arbeitsablauf

1. *Vorbereitung optional: Paul Klees Bilder „Senecio“ und „Katze und Vogel“ ansehen und besprechen, dabei den Schülern die Titel der Werke erst am Ende der Analyse bekannt geben. Was wurde hier abgebildet? Sind die charakteristischen Merkmale einer Figur realistisch oder abstrakt und vereinfacht dargestellt? Mit welchen Formen und Farben baute Paul Klee seine Figuren auf? Welche Stimmung herrscht in diesen Arbeiten? Sind die beiden Hälften der abgebildeten Gesichter gleich? Vergleiche die beiden Werke mit der afrikanischer Maskenkunst.*

2. Die DIN-A4-Bildhälfte aus dem vorherigen Projekt im Querformat auf die Arbeitsfläche legen. Mit einem Bleistift die Umrisse des Eulenkopfes und der Augen von der Vorlage übertragen. Ca. 2 cm unterhalb der Augenöffnungen mittig ein „V“ (als Schnabel) einzeichnen.

3. Mit der Schere die Augenöffnungen ausschneiden. Den oberen Arbeitsrand entlang der Bogenmarkierung wegschneiden. Das „V“ mit dem Cutter (Benutzung durch die Lehrkraft) einschneiden. Alternativ: Die Arbeit mit einer Hand an zwei kürzeren Seiten zusammenhalten und am gebogenen Rand (Bildmitte) mit

der Schere den Schnabel einschneiden. Die Arbeit dabei jedoch nicht falten!
Alle bunten Papierschnipsel für das folgende, 3. Klee-Projekt aufbewahren.

4. Die Arbeit wenden. Eine Transparent- oder Backpapierfläche auf der Rückseite überlappend über die beiden Augenöffnungen auflegen und mit Kleber befestigen.
   Die Arbeit erneut auf die Vorderseite drehen. Mit Bleistift als Pupillen jeweils mittig einen Kreis auf dem Transparentpapier aufzeichnen und (auch mit Bleistift) ausmalen. Eventuell am Auge strahlenförmig von der Mitte aus Linien einzeichnen.

5. Die Arbeit zu einer Rolle formen und die beiden kurzen Seiten mit einem Tacker bzw. doppelseitigem Klebeband oder Heißkleber (Benutzung durch die Lehrkraft) verbinden.

6. Präsentation: Ein LED-Teelicht bzw. Teelicht im leeren Konfitüre-Glas aufstellen und mit der „Eulenarbeit“ abschirmen. Im abgedunkelten Raum, aber auch auf der sonnigen Schul-Fensterbank (ohne Teelicht), die Farbintensität betrachten.

Tipps

- Die Augen können alternativ z. B. mit einem Becher (Durchmesser 7–10 cm) übertragen werden. Auch müssen sie nicht auf der gleichen Höhe platziert sein – kleine Modifikationen, Verschiebungen oder Größenunterschiede wirken, wie beim Original von Paul Klee, lebendiger, fröhlicher und spannender!
- Vor dem Zusammenkleben der beiden Laternenseiten können die Arbeiten auch als Masken ausprobiert werden. Weitere Werke von Paul Klee wie „Maske der Furcht“ oder „Maske mit Fähnchen“ können dadurch spielerisch verinnerlicht werden.

MUSIKTIPP

Sergej Prokofjew: „Peter und der Wolf“ (Katzen-Thema/Klarinette),
Scott Joplin: „The Entertainer“

Schablone

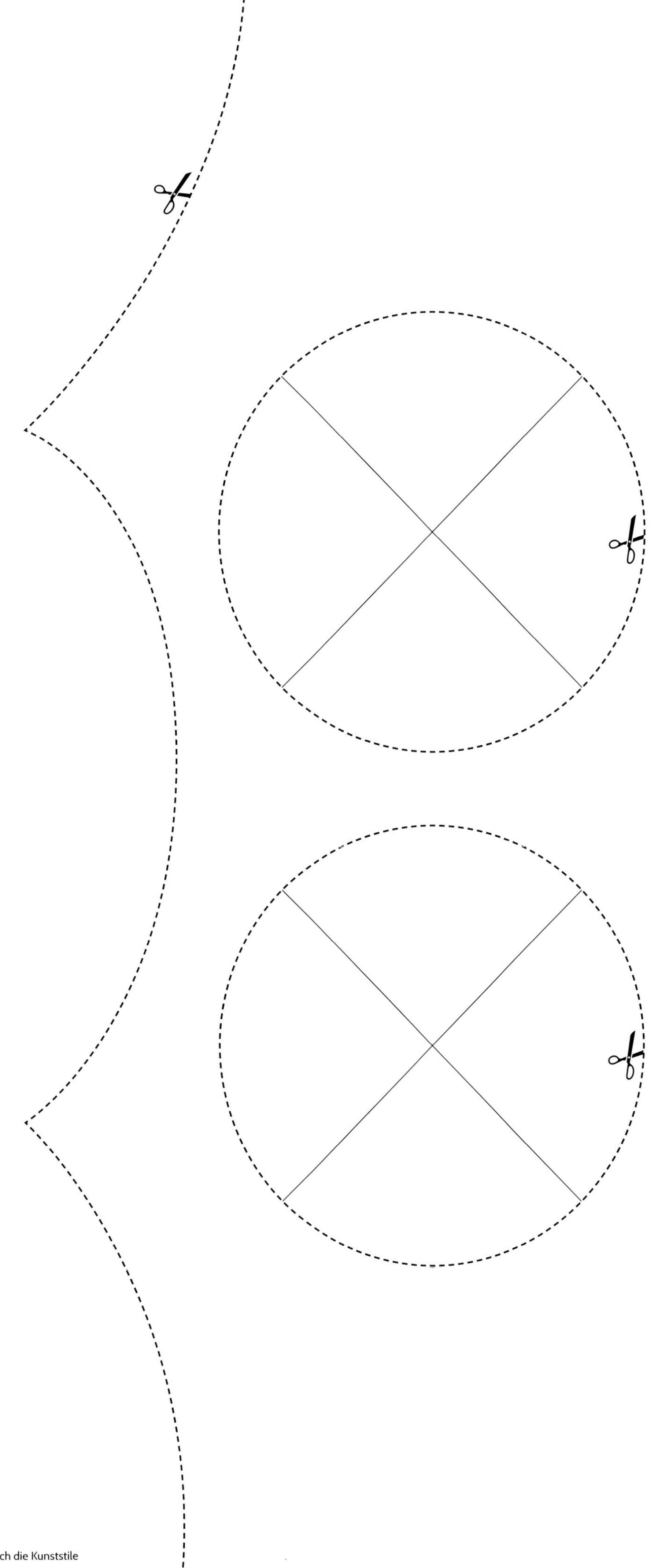

20. Paul Klee (1879–1940), Teil 3

Hintergrundinformation

Paul Klees vorwiegend kleinformatige Arbeiten überraschen den Betrachter mit ihrer verträumten Bildsprache – die verwendeten Formen sind vereinfacht und der kindlichen Kunst nahe. Jedes Werk hat auch einen poetischen Titel. Die vertraute, naturgemäße Darstellung war für Klee nicht von Bedeutung. Nicht das, was er über die Welt wusste, sondern so, wie er die Welt mit dem Auge sah, war seine auf die Form, Linie und Farbe reduzierte „Wirklichkeit".

KUNST-TIPP

Paul Klee: „Der Vogelgarten" (1924)
Die auf dem Bild gezeigte märchenhafte und geheimnisvolle Szene aus einem nächtlichen Vogelgarten vermittelt etwas Wesentliches über die Wirklichkeit (hier: Natur): dass es viele Bereiche gibt, die zwar dem Menschen verborgen bleiben, aber in der Kunst ein Thema sein können.

Projekt „Aus eins mach drei! Teil 3 – Vogelgarten by Night": Sgraffito/Collage

Aus dem Spiel zwischen den bunten Rest-Papierflächen des vorherigen Projektes und ausgekratzten Linien entsteht ein nächtliches Vogelgarten-Bild: verträumt, märchenhaft und voller Geheimnisse ...

ZEITBEDARF

1 Unterrichtsstunde

MATERIAL

- bunte Papierreste aus dem vorherigen Projekt Nr. 19
- festeres Zeichenpapier (DIN A5)
- Wachskreiden
- weiße Kerzen bzw. Kerzenstümpfe
- Flachpinsel (mittelgroß bis groß)
- schwarze Tempera oder Acrylfarbe

- Zahnstocher
- Schaber aus Getränkekarton-Flächen (ca. 1 cm breit, mit schräg abgeschnittenem Ende)
- Schere
- Klebstoff

Lernziele der Schüler

- geheimnisvolle, märchenhafte Bildmotive von Paul Klee kennenlernen
- eine Komposition aus Flächen und Linien aufbauen
- Restmaterial als Ausgangsform bei der Gestaltung anwenden
- die Technik des Sgraffito kennenlernen
- eine geheimnisvolle Nachtstimmung wiedergeben
- im Kleinformat arbeiten

Arbeitsablauf

1. *Vorbereitung: Paul Klees Bild „Wachstum der Nachtpflanzen, Vogelgarten" ansehen und besprechen: auf Farben, Formen, Stimmung und vereinfachte Darstellungen untersuchen. Dann Abbildungen mit diversen (z. B. einheimischen) Vogelarten betrachten und ihre Stimmen (z. B. Abendgesang) anhören. Eventuell das geheimnisvolle Thema „Nachtschattengewächse" ansprechen.*

2. Die DIN-A5-Papierfläche mit bunten Wachskreiden (ausgenommen Schwarz) vollflächig und kräftig übermalen. Die Übermalung soll aus bunten Flächen/Bereichen bestehen. Das Zeichenpapier um 90 Grad drehen und anschließend eine dichte Kerzenwachsschicht über der bunten Schicht auftragen.

3. Mit einem Flachpinsel und schwarzer Tempera oder Acrylfarbe das Wachsbild übermalen (die Bildränder können eventuell unbemalt bleiben). Trocknen lassen.

4. Inzwischen bunte Papierschnipsel aus dem vorherigen Klee-Projekt aussuchen. Als Inspiration nochmals Abbildungen von Vogelarten betrachten.

5. Die ausgesuchten bunten Papierreste auf das Schwarz übermalte und getrocknete Bild legen. Vielleicht ist eine zufällige Form bereits ein Teil unseres Vogels (Kopf, Flügel, Schwanz)? Falls nicht, mit der Schere etwas korrigieren und auf den schwarzen Hintergrund aufkleben.
   Mit einem Zahnstocher und einem Schaber Bäume, Äste, kleinere Pflanzen und Vögel auskratzen. Eventuell weitere Schnipsel für zusätzliche Vögel oder Pflanzenteile aufkleben und mit ausgekratzten Linien ergänzen.

Tipps

- Das kleine DIN-A5-Format ist für diese Technik optimal, da bei dieser Papiergröße der kräftige Wachsfarbenauftrag sowie die Kratztechnik die kindliche Hand nicht zu rasch ermüden. (Paul Klee liebte auch kleine Formate.)
- Eine transparente Kerzenwachsschicht über der Wachskreideschicht führt zu besonders gelungenen, leuchtenden Ergebnissen. Sie ist eine Schutzschicht, die das Eindringen der schwarzen Farbe ins Papier verhindert und das spätere Auskratzen der Farbe sehr erleichtert. Nach dem vollflächigen Auftrag der Kerzenwachsschicht das Bild vor eine Lichtquelle halten – wenn es überall glänzt, kann mit der Übermalung begonnen werden. Andernfalls vorher die noch nicht glänzenden Stellen mit Kerzenwachs ergänzen.
- Die geheimnisvolle Nachtstimmung wird nicht nur durch die schwarze Übermalung, sondern auch durch die Art des Farbauftrages beeinflusst. Interessante Ergebnisse werden erzielt, wenn manche Bildbereiche vollständig (deckend) und andere mit dünnerem (lasierendem) Auftrag überzogen sind. Borstige Pinsel (Pinselspur) sowie unterschiedliche Handbewegungen beleben die Bildstruktur.

MUSIKTIPP

Igor Strawinsky:
„Der Feuervogel“,
Modest Mussorgsky:
„Ballett der Küken
in ihren Eierschalen“/
(„Bilder einer Ausstellung“),
Naturaufnahmen vom
Abendgesang einer Amsel

21 Surrealismus: Frida Kahlo (1907–1954)

Hintergrundinformation

Die wohl bekannteste mexikanische Malerin, Frida Kahlo, war Vertreterin des volkstümlichen Surrealismus. Diese Kunstrichtung thematisiert das Traumhafte, Unwirkliche, Unbewusste und kombiniert bzw. verfremdet vertraute Elemente aus der Wirklichkeit auf eine neue, unerwartete Art. Kahlo sagte allerdings über diese Zuordnung: „Man hält mich für eine Surrealistin. Das ist nicht richtig. Ich habe niemals Träume gemalt. Was ich dargestellt habe, war meine Wirklichkeit.“
Frida Kahlos Hauptmotiv war meist sie selbst. Ihr von schwerer Krankheit und familiären Problemen geprägtes Leben hielt sie – gepaart mit außergewöhnlicher Lebenskraft und Charisma – in den zahlreichen Werken mutig bis schockierend, voller Schmerz und Rätsel fest.

KUNST-TIPP

Frida Kahlo: „Was ich im Wasser sah“ (1938)
„Was ich im Wasser sah“ ist eines der bedeutendsten surrealistischen Motive der Kunstgeschichte. In einer Badewanne spiegeln sich im Wasser nicht nur die Füße, sondern auch das ganze bisherige Leben Frida Kahlos – mit ihren Träumen, Ängsten, Geheimnissen und Schmerzen. Die Bedeutung einiger Elemente ist verschlüsselt und lässt viel Raum für Interpretationen.

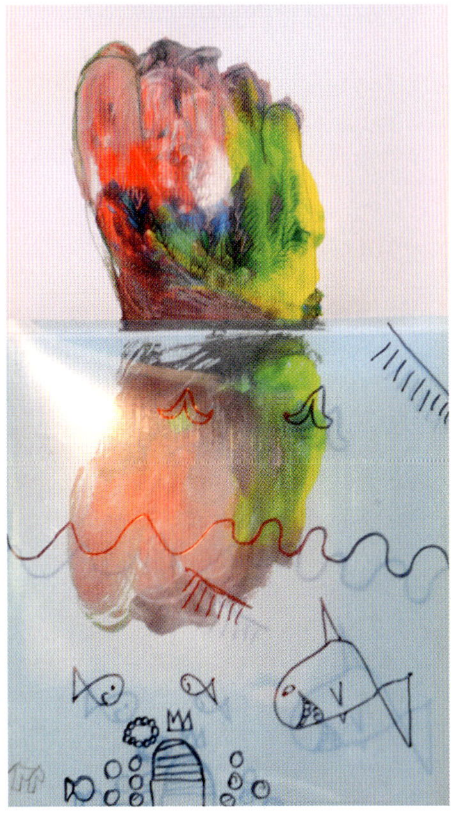

Projekt „Was ich in der Badewanne sah": 3D- Bild

In diesem Projekt wird znächst der eigene Körper erfahren, da Frida ihren Körper sehr oft thematisierte. Je ein Fuß der jungen Künstler nimmt danach ein besonderes Bad – vielleicht aus unseren bisherigen Badeerfahrungen, Träumen oder Fantasien ... (bei diesem Projekt sind unbedingt die Socken auszuziehen!)

ZEITBEDARF

1–2 Unterrichtsstunden

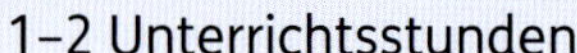

MATERIAL

- starkes Kopierpapier (DIN A4, ab 160 g/m²)
- Passepartout (als Wannenrand), wahlweise:
  - entweder das zu gestaltende Kopierpapier laut Vorlage auf der Rückseite einritzen
  - oder zusätzlich starkes Kopierpapier (DIN A4 ,ab 160 g/m²) plus Wannenrand-Ausschnitt laut Vorlage plus Distanzpolster aus Pappe
- blaue oder grüne glatte Klarsichtfolie (DIN A5, z. B. aus einer ungenarbten Klarsichthülle). Bei der Einritz-Variante verringert sich das Folien-Format auf 15 x 17 cm
- Temperafarben in drei Grundtönen plus Weiß plus Schwarz
- Permanent Marker (Folienstift), schwarz
- Pinsel diverser Größe
- Bleistift
- Schere
- Klebstoff bzw. doppelseitiges Klebeband
- eventuell Kugelschreiber bzw. Cutter (Nutzung des Cutters nur durch die Lehrkraft)

Lernziele der Schüler

- surrealistische Bildsprache anhand von Werken Frida Kahlos kennenlernen
- reale und fantastische/unwirkliche Elemente in einer Arbeit verbinden
- Körpererfahrungen in die Arbeit mit einbeziehen
- Spiegelung in Abklatsch-Technik umsetzen
- aus der Fantasie oder Erinnerung Details sorgfältig ausarbeiten
- ein dreidimensionales Bild in Mischtechnik gestalten

Arbeitsablauf

1. *Vorbereitung optional: Diverse autobiografische Bilder Frida Kahlos ansehen und ihre Selbstporträts mit Fotos von Nickolas Muray vergleichen.*
   Den Lebenslauf der Künstlerin erläutern.
   Das Werk „Was ich im Wasser sah" (1938) genauer betrachten (eventuell nur den oberen Ausschnitt des Bildes laut eigener Einschätzung den Kindern präsentieren).
   Wichtige Personen/Elemente aus dem Leben der Künstlerin auf dem Bild finden und erraten. Was gehört hier zur Wirklichkeit, was zum Traum? Sind diese leicht zu trennen? Welche Symbole und Sinnbilder sind erkennbar und was können sie bedeuten?
   Was spielst du gerne im Wasser, beim Baden? Oder hast du ein lustiges Abenteuer im Wasser erlebt?

2. Auf das Kopierpapier die Faltelinien laut Vorlage kopieren oder ein leeres Blatt verwenden. In beiden Varianten das Kopierpapier zur Hälfte (DIN A5) falten und ungeöffnet auf den Boden legen. Bei einem Fuß die Socke ausziehen.

3. Diesen Arbeitsschritt machen die Kinder paarweise:
   Das eine Kind legt den nackten Fuß mittig so auf das gefaltete Kopierpapier (Faltlinie unten), dass die Zehenspitzen mindestens 3 cm vom oberen Papierrand entfernt sind (nur der obere Teil des Fußes hat auf dem Papier Platz!).
   Das zweite Kind zeichnet mit dem Bleistift den Fußumriss samt Zehen auf dem Kopierpapier nach. Anschließend Rollentausch. Danach die Socke wieder anziehen.

4. Das Kopierpapier mit der Fuß-Skizze auf den Arbeitstisch legen. Eventuell Zehennägel mit Bleistift ergänzen. Mit Temperafarben den skizzierten Teil des Fußes rasch ausmalen, dabei unterschiedliche Farbtöne mischen. Die Farbe soll nicht übertrieben dick aufgetragen sein.
   Anschließend rasch die leere Hälfte des Kopierpapiers auf die bemalte Hälfte klappen, vorsichtig mit der Hand andrücken und aufklappen. Trocknen lassen.

5. Auf der Folie (Querformat) mit schwarzem Marker die erlebte oder ausgedachte eigene Badewannengeschichte zeichnen.

6. Für den Badewannenrand entweder das Fußbild entlang der Faltlinien mit spitzem Werkzeug, Bleistift oder Kugelschreiber einritzen und zum Bild hin falten oder aus dem Karton einen Badewannenrand (Passepartout) ausschneiden.
   Die Folie wenden, auf dem linken und rechten Rand schmale Klebestreifen oder Klebstoff anbringen.
   Die Folie mit dem „Wannenrand“ aus Kopierpapier oder Karton verbinden. Im letzten Fall schmale Distanzpolster aus Pappe unter dem „Wannenrand“ ankleben und mit Klebstoff zum dreidimensionalen Bild mit der „Fußebene“ verbinden.

Tipps

- Das Ausziehen der Socke fordert manchmal etwas Überwindung von den Kindern. Sei es, weil man kitzlig ist, oder der Fuß ist schmutzig oder nicht wohlriechend – die Palette an (auch unpassenden) Kommentaren kann breit sein und ist vielleicht ein guter Anlass, über Pflegeberufe zu sprechen. Hintergrund: Frida Kahlo war seit ihrer Kindheit auf die Pflege und Hilfe anderer Menschen angewiesen.
- Achtung: Ein zu dicker Temperafarben-Auftrag führt zu einem unleserlichen Abdruck – es entstehen Pfützen und Verformungen des Motivs.
- Die Markerzeichnung auf der Folie kann zuerst mit Bleistift auf Papier skizziert werden und als Vorlage unter die Folie gelegt und dann mit dem Marker nachgezeichnet werden.

MUSIKTIPP

Filmmusik zum Film „Frida“ von Julie Taymor (2002) – diverse Interpreten, z. B. Lila Downs, Caetano Veloso, Chavela Vargas (Fridas Freundin)

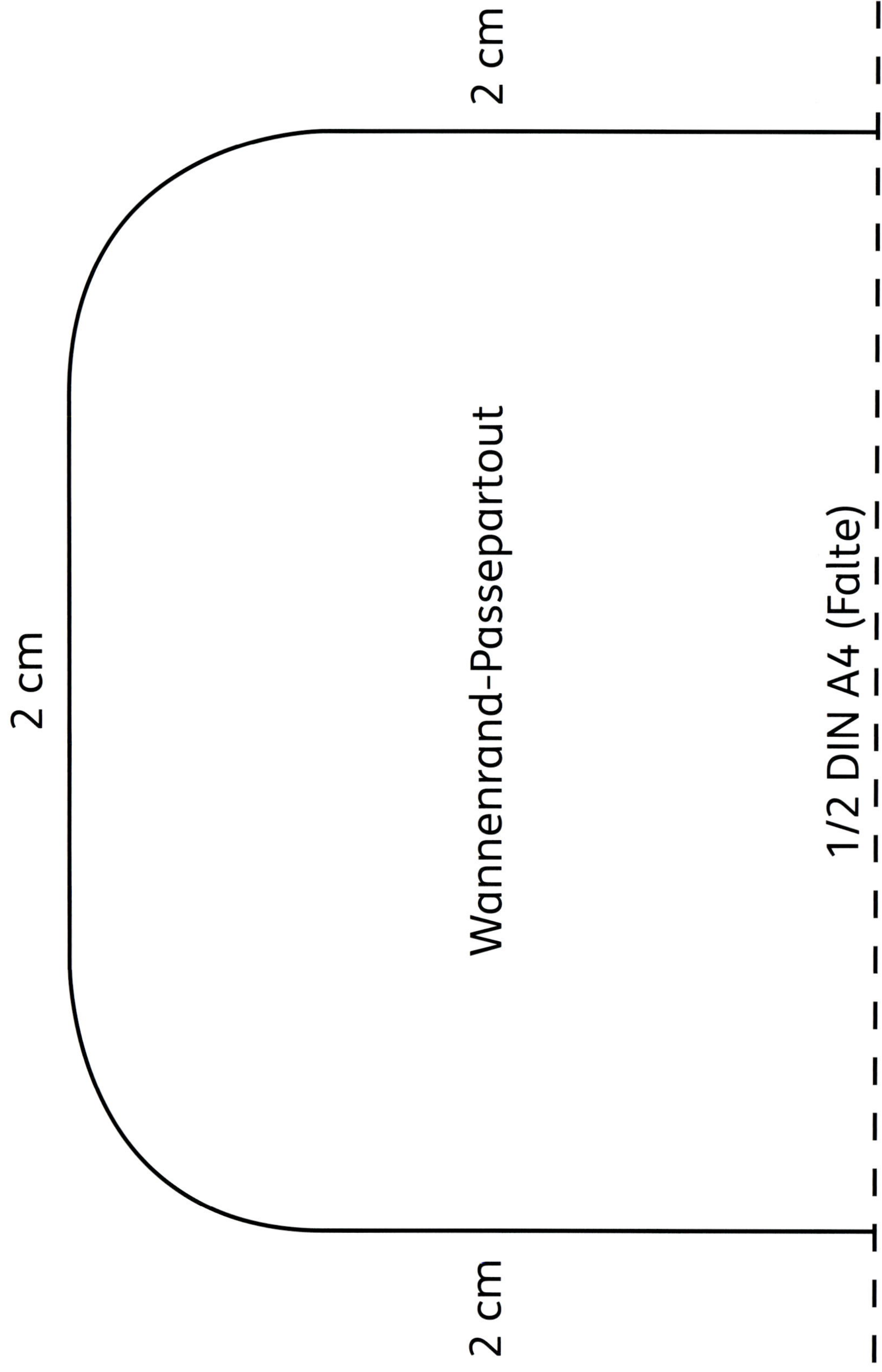
2 cm
2 cm
Wannenrand-Passepartout
1/2 DIN A4 (Falte)
2 cm

1 cm

1 cm

Arbeitsrückseite

1/2 DIN A4 (Falte)

entlang der Linien einritzen

1 cm

1 cm

22 Abstrakte Kunst: Arnulf Rainer (geb. 1929)

Hintergrundinformation

Abstrakte Kunst lehnt das Gegenständliche ab. Eine der abstrakten Stilrichtungen war „Informel", die sich im Europa der Nachkriegsjahre entwickelte. Die „formlose Kunst" verzichtet auf geometrische Formen oder klassische Kompositionsregeln. Der spontane Arbeitsprozess unterstützte die Rolle des Unbewussten.
Der Begründer der Informellen („formlosen") Kunst in Österreich ist Arnulf Rainer, der durch seine Übermalungen weltweit bekannt wurde. Rainer verwendet für seine Arbeiten fremde Werke, aber auch eigene Fotos. Er übermalt sie in verschiedenen Techniken. Diese Übermalungen entwickelte der Künstler übrigens aufgrund eines Materialmangels.
Ein ihm gewidmetes Museum befindet sich in Baden bei Wien.

KUNST-TIPP

Arnulf Rainer: Übermalungen alter Kunstmotive, z. B. „Mona Lisa"
Arnulf Rainer verhüllt, stellt bloß oder betont in seinen Fortsetzungen interessante Teile des menschlichen Gesichtes.
In diesem Kunstwerk halten die farbigen, ausdrucksstarken Bahnen Rainers Zwiesprache mit der Formdisziplin des Renaissanceporträts „Mona Lisa" von da Vinci. Die Überarbeitung eines bekannten Motivs überrascht den Betrachter, der plötzlich das Vertraute ganz neu sieht und auf ganz andere Aspekte als im Original aufmerksam wird.

Projekt „Eine neue BildgeSCHICHTe"/Übermalung

Ein Foto aus einer Zeitschrift oder die Fotokopie eines berühmten Werkes bekommt in diesem Projekt eine neue Schicht. Somit wird das ursprüngliche Bild fortgesetzt – diesmal durch die Schüler.

ZEITBEDARF

1 Unterrichtsstunde

MATERIAL

- Schwarz-Weiß-Fotokopien diverser berühmter Kunstwerke und/oder Fotos aus den Zeitschriften (ca. DIN A4), min. 3 Kopien bzw. Fotos je Schüler
- Tempera bzw. Acrylfarben
- große Flachpinsel
- Softpastellkreiden bzw. Zeichenkohle
- Fixativ bzw. Haarspray
- Schere bzw. Cutter (Nutzung nur durch die Lehrkraft)

Lernziele der Schüler

- die Übermalungstechniken von Arnulf Rainer kennenlernen
- eine neue, eigene, mutige, abstrakte Antwort (Schicht) auf das fremde, gegenständliche Werk geben
- Verhüllen bzw. Betonen der relevanten Aspekte
- Freude am Loslassen vom Gegenständlichen; Farbe und Pinselspur entdecken
- unterschiedliche Übermalungstechniken und Motive ausloten
- spontan und intuitiv arbeiten
- mehrere Arbeitsproben wagen

Arbeitsablauf

1. *Vorbereitung optional: Diverse Werke von Arnulf Rainer ansehen (z.B. Zyklus „Face Farces" aus den 70er Jahren oder die übermalte „Mona Lisa").*
   Was betonen/verhüllen die neuen Schichten auf dem bestehenden Bild? Wie würdest du den Bestand übermalen (was wäre dir z.B. in Mona Lisas Antlitz wichtig)?
   Eventuell Vergleich der Übermalung mit dem Original-Werk da Vincis.
   Außerdem können die Schüler eine kurze Geschichte mit dem ersten Satz aufschreiben: „Es war einmal ein Maler, der keine Leinwand mehr hatte ...".
   Die Kurzgeschichten können vorgelesen und verglichen werden.

2. Die Übermalung kann zu verschiedenen Musikstücken durchgeführt werden.
   Es sollen mindestens drei Arbeiten entstehen.
   Aus Zeitschriften werden möglichst große Abbildungen ausgesucht (um die Bewegungsfreiheit beim Malen zu gewähren) und mit dem Flachpinsel zügig übermalt (der Bestand soll zumindest teilweise weiter erkennbar

bleiben). Um die unendliche Menge an Interpretationen zu erfahren, kann man auch allen Schülern den gleichen fotokopierten Malgrund zur Verfügung stellen.
Die Fotokopie eventuell zuerst mit dem Flachpinsel übermalen. Nach der Trocknung kann eine weitere Schicht folgen, z.B. in Softpastellkreiden (danach fixieren). Falls man sich für Acrylfarben entscheidet, ist es auch interessant, eine Schicht deckend und die andere lasierend aufzutragen.

3. Die eigenen Werke kritisch betrachten, vergleichen (eventuell nur den besonders ausdrucksstarken Bereich auswählen und zuschneiden) und die beste Probe für die Präsentation aussuchen.

Tipps

- Der abstrakte Ausdruck (das Loslassen vom Gegenständlichen) verlangt bei vielen Kindern neben Übung auch Überwindung. Kinder neigen oft zum figurativen Abschluss der Arbeit, wenn man keine Zeitgrenzen gibt. Die Aufgabe, das Bild in einer oder zwei Minuten fertigzustellen, kann dabei helfen.
- Die ersten Ideen und Impulse sollten spontan auf das Papier übertragen werden, um die Dynamik der Pinselspur zu betonen.
- Sollten Softpastellkreiden bzw. Zeichenkohle direkt (ohne Untermalung) auf den Malgrund aufgetragen werden, empfiehlt es sich, kein gestrichenes, glänzendes Papier (aus Magazinen) zu verwenden. Besser eignet sich dann mattes Papier (z.B. aus der Zeitung), damit die Kreiden gut haften.

MUSIKTIPP

Johann Sebastian Bach: „Praeludium No. 1“,
Dmitri Shostakovich: „Jazz-Suite, Waltz No. 2“,
György Ligeti: „Six Bagatelles, Teil 1“

23 Fotonachweise

Seite 12	Vitruvianischer Mensch: © Blickfang via Fotolia.com
Seite 23	Fledermaus: © chamnan phanthong via Fotolia.com
Seite 26	Berg Fuji: © basiczto via Fotolia.com
Seite 30	Wassergarten in Giverny: © aterrom via Fotolia.com
Seite 30	Seerosen: © leisuretime70 via Fotolia.com
Seite 36	Vogel im Urwald: © alisonroosenberg via Fotolia.com
Seite 37	Urwald mit Fluss: © quickshooting via Fotolia.com
Seite 37	Urwald: © Friedberg via Fotolia.com
Seite 40	Hausfassade: © dbrnjhrj via Fotolia.com
Seite 41	Pfau: © tx akel via Fotolia.com
Seite 41	Schwan: © kiri via Fotolia.com
Seite 66	Amsel in Abenddämmerung: © atmosphius via Fotolia.com

Alle weiteren Fotos hat die Autorin Ela Madreiter erstellt.